특별전 | 함평 예덕리 신덕고분
SPECIAL EXHIBITION

비밀의 공간,
숨겨진 열쇠

THE MYSTERY
OF SINDEOK
ANCIENT TOMBS

비밀의 공간, 숨겨진 열쇠

SPECIAL EXHIBITION

THE MYSTERY OF SINDEOK ANCIENT TOMBS

사진자료 협조기관

국립경주박물관
국립공주박물관
국립나주박물관
국립부여문화재연구소
국립부여박물관
국립전주박물관
마한문화연구원

일러두기

1 이 책은 국립광주박물관이 2021년 7월 19일(월)부터 2021년 10월 24일(일)까지 개최한 특별전 '함평 예덕리 신덕고분, 비밀의 공간, 숨겨진 열쇠'의 전시도록이다.

2 사진은 전시품 중심이며, 이해를 돕기 위한 참고도판도 수록하였다.

3 전시품 사진은 순서대로 번호를 주었고 명칭, 규격 순으로 정리하였다.

4 한글 표기가 원칙이며 필요한 경우 한자를 사용하였다.

죽음을 마주하는
인간의 태도는 예나 지금이나
다르지 않습니다.

Human attitudes towards
death are no different today
than in the past.

함평 예덕리 신덕고분
비밀의 공간, 숨겨진 열쇠

목 차

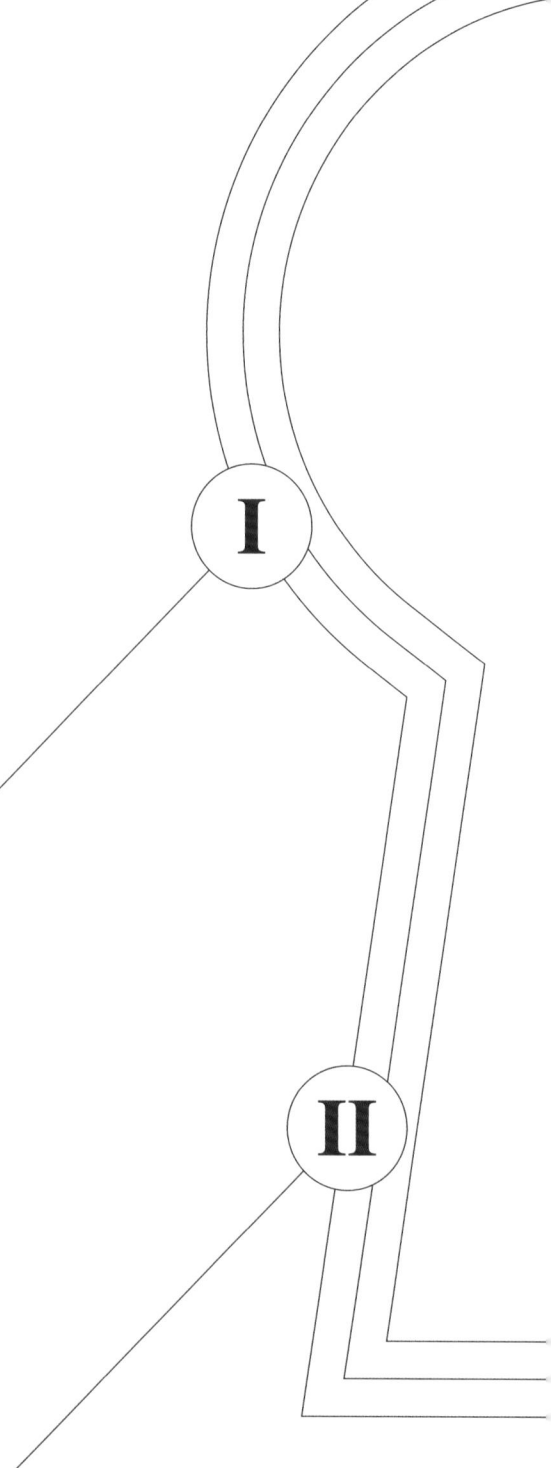

01 뜻밖의 발견, 드러난 실체

너른 평야 위 독특한 무덤   10

우연히 드러난 미지의 공간   14
    INTERVIEW 조사자와의 만남, 그 기억을 더듬다

02 죽음과 삶, 기억의 공간

떠나간 이를 잊지 않기 위하여   28
칼럼 1 함평 신덕 1호 무덤의 축조방법과 특징

무덤 밖, 망자를 위한 진혼   38
    칼럼 2 무덤 안과 밖, 의례의 퍼즐을 맞추다
    칼럼 3 영산강유역 뚜껑접시와 함평 신덕 고분 출토품

돌방 속 고인에 대한 예우   54
    칼럼 4 무덤 속 마지막 죽음을 꾸미는 방, 나무널

죽음의 흔적에서 찾은 삶의 증거   60

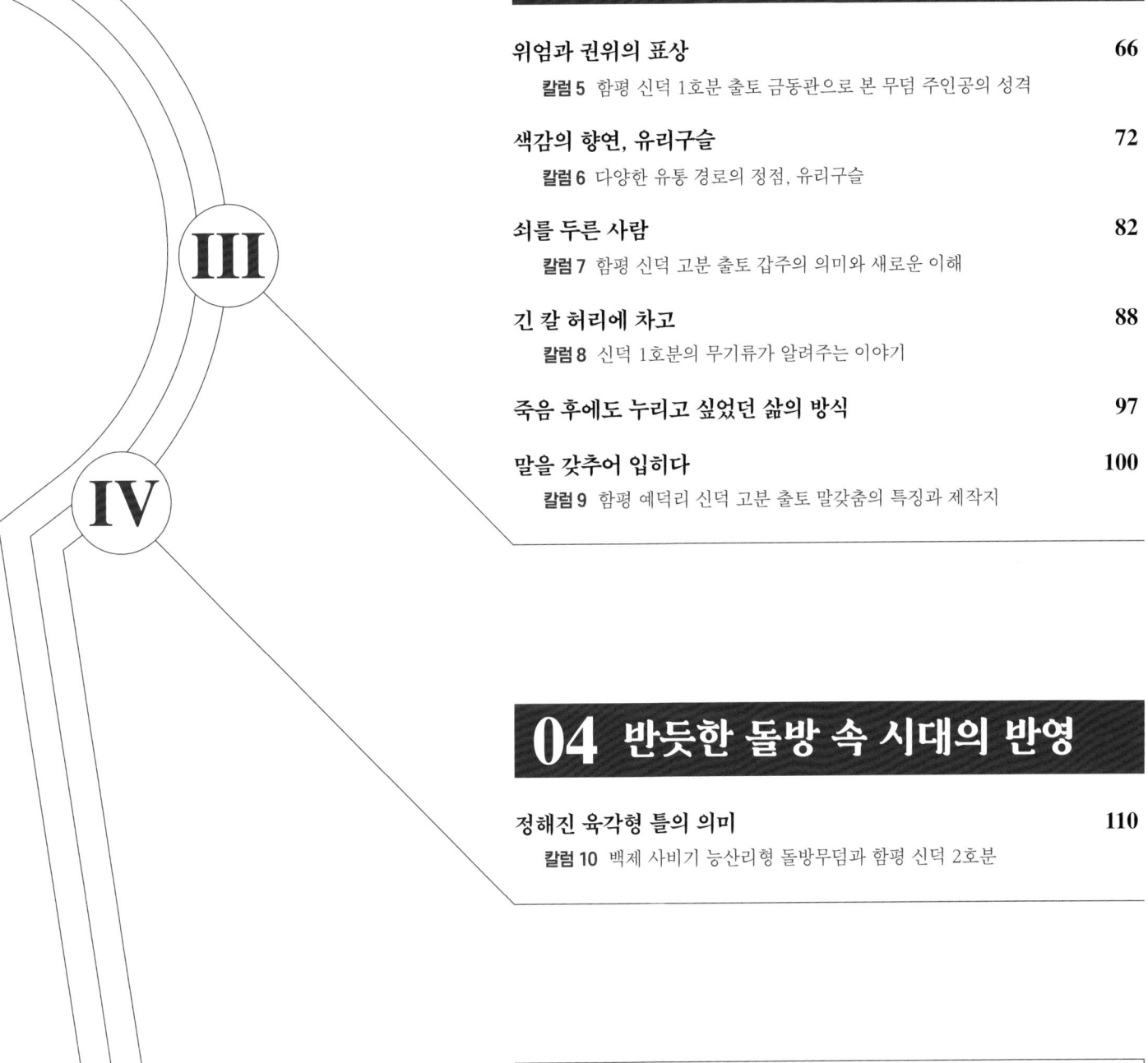

03 무덤 속 비밀의 실마리

위엄과 권위의 표상　　　　　　　　　　66
칼럼 5 함평 신덕 1호분 출토 금동관으로 본 무덤 주인공의 성격

색감의 향연, 유리구슬　　　　　　　　　72
칼럼 6 다양한 유통 경로의 정점, 유리구슬

쇠를 두른 사람　　　　　　　　　　　　82
칼럼 7 함평 신덕 고분 출토 갑주의 의미와 새로운 이해

긴 칼 허리에 차고　　　　　　　　　　　88
칼럼 8 신덕 1호분의 무기류가 알려주는 이야기

죽음 후에도 누리고 싶었던 삶의 방식　　97

말을 갖추어 입히다　　　　　　　　　　100
칼럼 9 함평 예덕리 신덕 고분 출토 말갖춤의 특징과 제작지

04 반듯한 돌방 속 시대의 반영

정해진 육각형 틀의 의미　　　　　　　　110
칼럼 10 백제 사비기 능산리형 돌방무덤과 함평 신덕 2호분

부록　　　　　　　　　　　　　　　　122

　1　참고문헌
　2　전시 모습
　3　영문초록

인 사 말

국립광주박물관은 발굴 30주년을 기념하며 특별전 〈함평 예덕리 신덕고분, 비밀의 공간, 숨겨진 열쇠〉를 개최합니다. 이번 특별전은 처음으로 고분 출토 유물을 한데 모아 전시하고, 그간의 발굴 과정과 학계의 연구 성과를 바탕으로 고분의 특성을 다각적으로 살펴보는 자리입니다.

함평 예덕리 신덕 고분은 2기의 삼국시대 무덤으로 구성되어 있습니다. 1호 무덤은 위에서 볼 때 열쇠 구멍 모양, 옆에서 볼 때 장구 모양인 장고분長鼓墳이고, 2호 무덤은 원형 무덤입니다. 1호 무덤과 같은 모양의 무덤은 호남지역에만 총 14기가 있는데, 가까운 곳에 있는 삼국시대의 무덤과는 다른 모양과 성격을 보입니다. 오히려 그 모양이 일본 고훈시대古墳時代의 주요 무덤인 전방후원분前方後圓墳과 비슷하여 주목을 받았습니다. 그러나 이런 모양의 무덤이 조사된 적이 없어 그 정체가 의문으로 남아있었습니다.

1991년 3월, 도굴된 신덕 고분을 발견한 국립광주박물관은 무덤 내부에 대한 긴급조사를 실시하였습니다. 이 조사과정에서 장고분의 매장시설이 돌방石室임을 최초로 밝혔고, 내부에서 화려한 장신구를 포함한 다량의 유물을 확인하였습니다. 그 후 도굴되었던 유물을 다시 찾았고, 3차례의 추가 발굴조사를 거치면서 무덤에 대한 정보를 차곡차곡 쌓아갔습니다.

남겨진 사람들은 먼저 떠나간 이를 기억하려 합니다. 무덤은 이러한 인간의 본성이 가장 잘 드러나는 장소이자 고고학적 자료입니다. 죽은 사람의 안식을 위한 공간이자, 떠난 이의 생전 모습을 반영한 또 다른 삶의 공간이기도 합니다. 이번 전시는 신덕 고분에 묻혔던 사람의 삶과 죽음에 대한 이야기에 초점을 맞추었습니다. '죽은 이를 위한 공간' 속에서 바라본 '삶의 이야기'들이 또 다른 내일을 기대할 수 있는 계기가 되길 바랍니다. 더불어 발굴보고서 발간과 동시에 열리는 이번 전시를 계기로 앞으로 장고분에 대한 더욱 활발한 토론과 연구가 이어지기를 바랍니다.

무엇보다 발굴에 참여하신 역대 조사자분들에게 깊은 감사를 드리며 특별전을 위해 자문을 해주신 성낙준 전 국립해양문화재연구소장님과 은화수 국립나주박물관장님께 감사의 말씀을 올립니다. 아울러 전시 준비를 위해 힘써 준 박경도 학예연구실장 이하 학예연구실과 박물관 모든 직원들께도 감사의 마음을 전합니다.

2021년 7월

국립광주박물관장 이수미

GREETING

The Gwangju National Museum is presenting the special exhibition The Mystery of Sindeok Ancient Tombs in commemoration of the thirtieth anniversary of the excavation of these tumuli. This exhibition is the first time the relics uncovered from the tombs have been shown all together. It explores the characteristics of the burials from multiple perspectives based on the excavation process and related academic findings.

The Sindeok Ancient Tombs in Yedeok-ri, Hampyeong are comprised of two burials dating to the Three Kingdoms Period. Tomb No. 1 is characterized by a mound that resembles a keyhole when seen from above or an hourglass-shaped drum of a type known as a janggu when viewed from the side while Tomb No. 2 features a circular mound. There are fourteen tombs of the former type in Jeollanam-do Province, and they differ notably in their form and features compared to other nearby tombs dating to the Three Kingdoms Period. In fact, a similarity has been noted to the burial mounds with a square front and round rear that make up a major tomb type from the Kofun Period in Japan. Their identity was long a mystery since none of these tombs had never been surveyed.

After discovering traces of looting at the Sindeok Ancient Tombs, the Gwangju National Museum carried out an emergency survey of the interior of the burials in March 1991. Through the survey, it was revealed that the hourglass-shaped tomb contained a stone chamber. A wide range of items, including some exquisite accessories, were uncovered. The relics that had been looted were later recovered, and information on the tumuli was gradually acquired over the course of three additional excavations.

Those who have lost a loved one try to keep that person alive in memory. Tombs are fundamentally an architectural space, but they also provide an archaeological record that clearly reveals this aspect of human nature. They are spaces that offer an eternal rest for the deceased, but they are simultaneously places that embrace another life that reflects how the occupant lived on this earth. This exhibition focuses on the stories of the lives and deaths of the people who were buried in the Sindeok Ancient Tombs. It is hoped that the stories revealed through these spaces dedicated to the deceased will provide an opportunity to look forward to another tomorrow. It is hoped that this exhibition, which is being presented together with the publication of the excavation report, will spark more active discussions and research on hourglass-shaped tombs.

I would like to extend my deep gratitude to all of the researchers who took part in the excavation surveys and also to Seong Nak-jun, Former Director of the National Research Institute of Maritime Cultural Heritage, and Eun Hwa-soo, Director of Naju National Museum, for their counsel on the exhibition. I would further like to thank all the staff of the museum, including Chief Curator Park Kyungdo and the Curatorial Affairs Division, for their efforts in preparing the exhibition.

July 2021

Lee Soomi
Director
Gwangju National Museum

01
뜻밖의 발견, 드러난 실체

산 자와 죽은 자의 바람이
교묘하게 얽혀있는 곳
두 개의 세계가 만나는 이곳에서
우리는 때론 만남이 지겹고
이별에 지쳤을지도 모른다.

예상치 못했던 발견은 우리를 새로운 차원으로 이끌어 가기도 한다. 장고분은 오랫동안 그 실체가 드러나지 않았던 미스터리한 무덤이었다. 우연한 사건을 계기로 함평 예덕리 신덕 고분의 조사가 시작되었고, 지금까지 알 수 없었던 장고분의 정체가 밝혀지기 시작하였다. 그 후로도 여러 장고분이 조사되었지만 신덕 고분만큼 유물의 구성을 온전히 파악할 수 있는 무덤은 찾을 수 없었다. 현재로서 신덕 고분은 장고분이 담고 있는 고대사의 비밀을 풀 수 있는 유일한 단서이다.

01
뜻밖의 발견, 드러난 실체

너른 평야 위 독특한 무덤

무덤의 소개

함평 예덕리 신덕 고분은 행정구역상으로 전라남도 함평군 월야면 예덕리 산 176-2와 산 177번지에 위치한다. 월야교차로에서 지방도 838호선문화로을 따라 5.9km를 북쪽으로 가면 고분을 확인할 수 있다. 고분은 2개의 무덤으로 구성되는데, 이 가운데 1호 무덤은 위에서 봤을 때 열쇠구멍 모양, 옆에서 봤을 때 장구 모양인 장고분長鼓墳이다. 장고분은 원형부와 방형부로 구분되는 분구가 합쳐져 단일 분구의 형태를 갖춘 무덤을 말한다. 이러한 형태의 무덤은 가까운 곳에 있는 삼국시대의 무덤들과는 다른 모양과 성격을 보인다. 오히려 장고분은 일본 고훈시대古墳時代의 주요 무덤인 전방후원분前方後圓墳과 모양이 비슷하여 주목을 받았다.

1938년 아리미쓰 교이치有光教一는 나주 반남 고분군을 발굴하고 작성한 보고서에 한국의 전방후원분 형태 고분에 대해 최초로 언급하였으며, 나주 신촌리 6호분과 덕산리 2호분의 분구 형태가 일본의 전방후원분을 방불케 한다고 기록하였다. 이후 1984년 해남 방산리 장고봉고분의 발견을 시작으로 지금까지 호남지역에서만 총 14기가 확인되었다. 하지만 신덕 고분 조사 이전까지 장고분이 발굴 조사된 바가 없었기 때문에 그 정체가 미스터리로 남아 있었다.

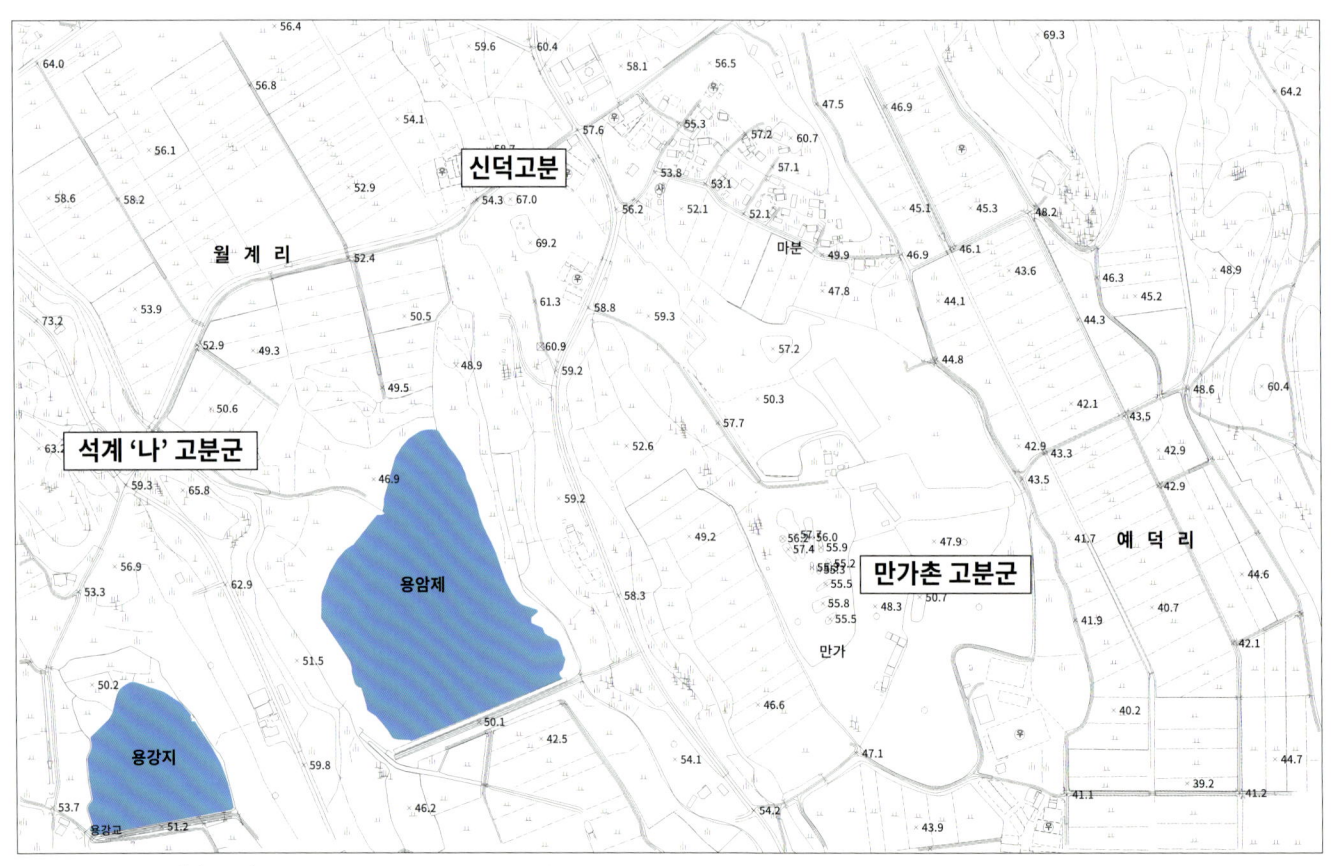

함평 신덕 고분의 위치(1/10,000)

무덤의 입지와 환경

신덕 고분이 소재한 월야면은 구릉성 산지인 노령산맥의 본맥인 태청산593.3m, 장암산481.5m, 월암산350.9m, 불갑산516m 등이 북서쪽을 활처럼 둥글게 감싸며 영광군과 경계를 이루고 있다. 동쪽은 비교적 낮은 산지로 이어지는데 북동쪽은 장성군과, 남동쪽은 광주광역시와 경계를 이룬다. 월야면은 중앙부에 북쪽 산지에서 발원한 대도천고막원천 상류가 관류하며 형성한 분지형 곡간평지인 월야평야가 최대 폭 1.3km에 이를 정도로 비교적 넓은 평지로 이루어져 있다. 이 평지는 남쪽에 위치한 해보면과 나산면을 포함한 고막원천을 따라 계속하여 이어진다.

신덕 고분이 위치한 곳을 중심으로 지형을 살펴보면, 북쪽과 서쪽은 높은 산봉우리로 둘러싸여 있지만, 동쪽은 낮은 산지성 구릉이 이어지고 남쪽은 경사율이 낮은 분지형 곡간평지이다. 북쪽에 위치한 월암산350.9m의 한 줄기는 동쪽으로 뻗어 무봉150m을 형성하고 다시 주요 줄기는 남동쪽을 향해 약 4.2km를 길게 뻗어 월야평야로 이어진다. 이 무봉은 급경사를 이루며 해발 80m 부근에서 평지성 구릉으로 바뀌고 이곳에서 약 1.0km를 남진한 지점에 신덕 고분이 위치한다.

신덕 고분은 구릉의 정상부에 위치해서 주변에서의 조망은 매우 뛰어나다. 북쪽은 구릉이 급격한 경사를 이루며 낮아진 뒤 평탄한 농경지로 이어진다. 동쪽은 구릉이 완만한 사면으로 이루어져 밭으로 경작되며 인접하여 마을이 위치한다. 서쪽은 비교적 큰 경사를 이루며 낮아지고 폭이 약 400m에 이르는 평탄한 농경지로 이어진다. 남쪽은 2개의 가지구릉을 형성하는데, 동남쪽 가지구릉에는 장고분과 450m의 거리를 두고 예덕리 만가촌 고분군전라남도 기념물 제55호이 자리하고 있다.

함평 예덕리 신덕 고분 전경

장고분 분포도

호남지역 장고분의 위치

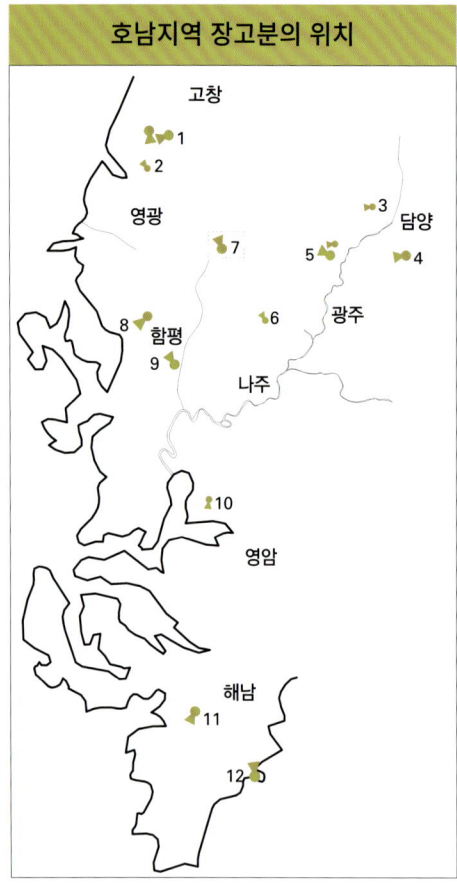

1. 고창 칠암리 고분(2기)
2. 영광 월산리 월계 1호분
3. 담양 고성리 월성산 1호분
4. 담양 성월리 월전 고분
5. 광주 월계동 장고분(2기)
6. 광주 명화동 고분
7. 함평 예덕리 신덕 1호분
8. 함평 죽암리 장고산 고분
9. 함평 마산리 표산 1호분
10. 영암 태간리 자라봉 고분
11. 해남 용두리 고분
12. 해남 방산리 장고봉 고분

1-1

1-2

2

3

4

5-1

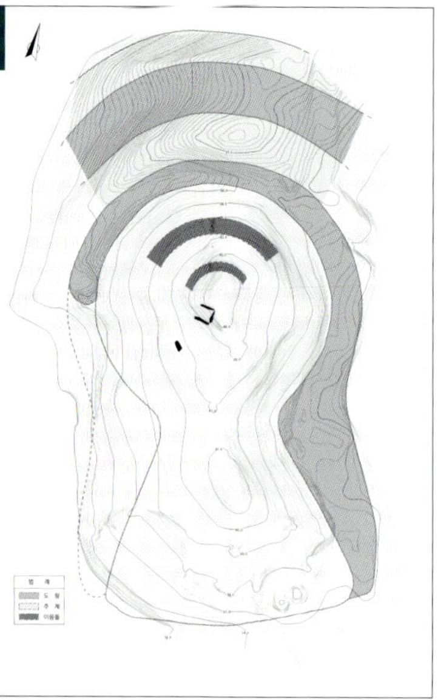

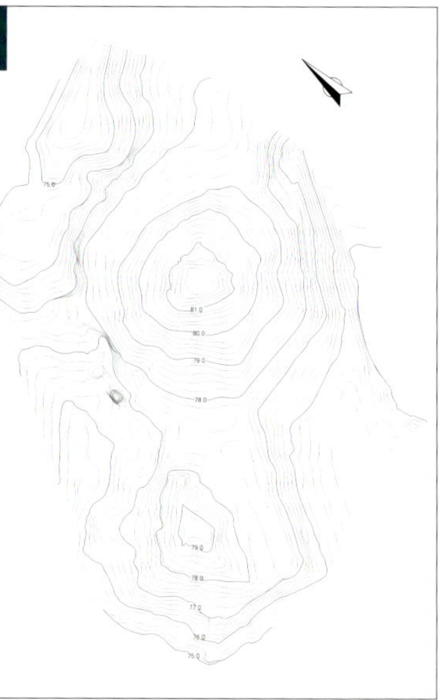

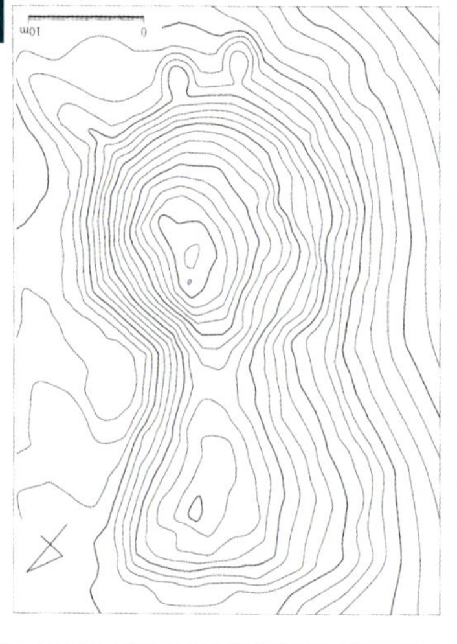

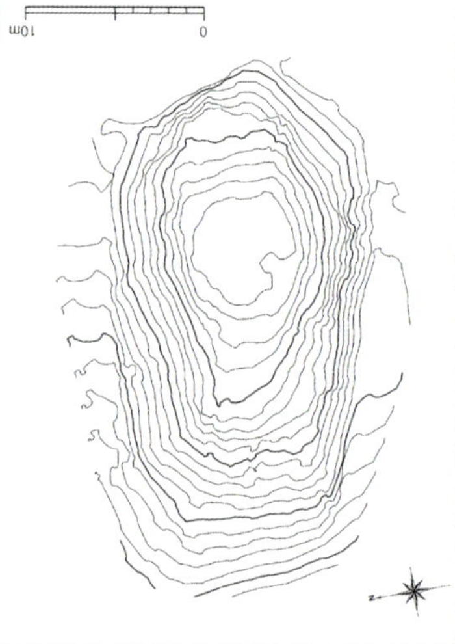

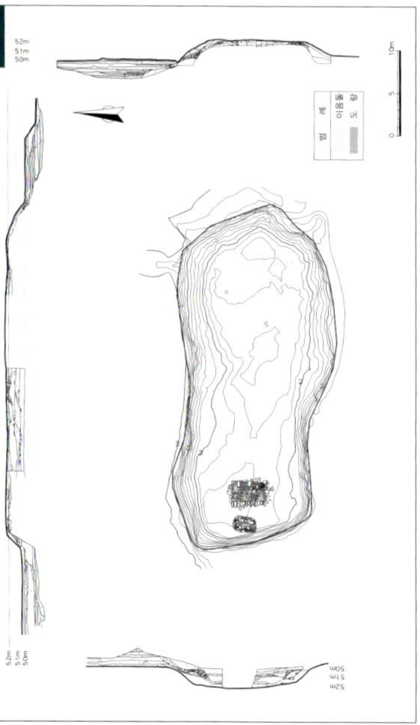

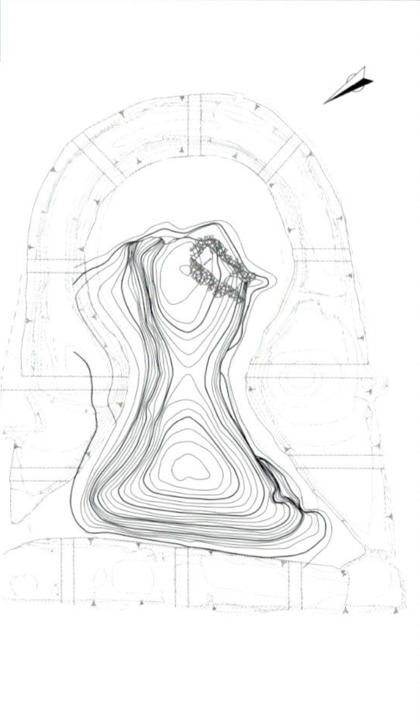

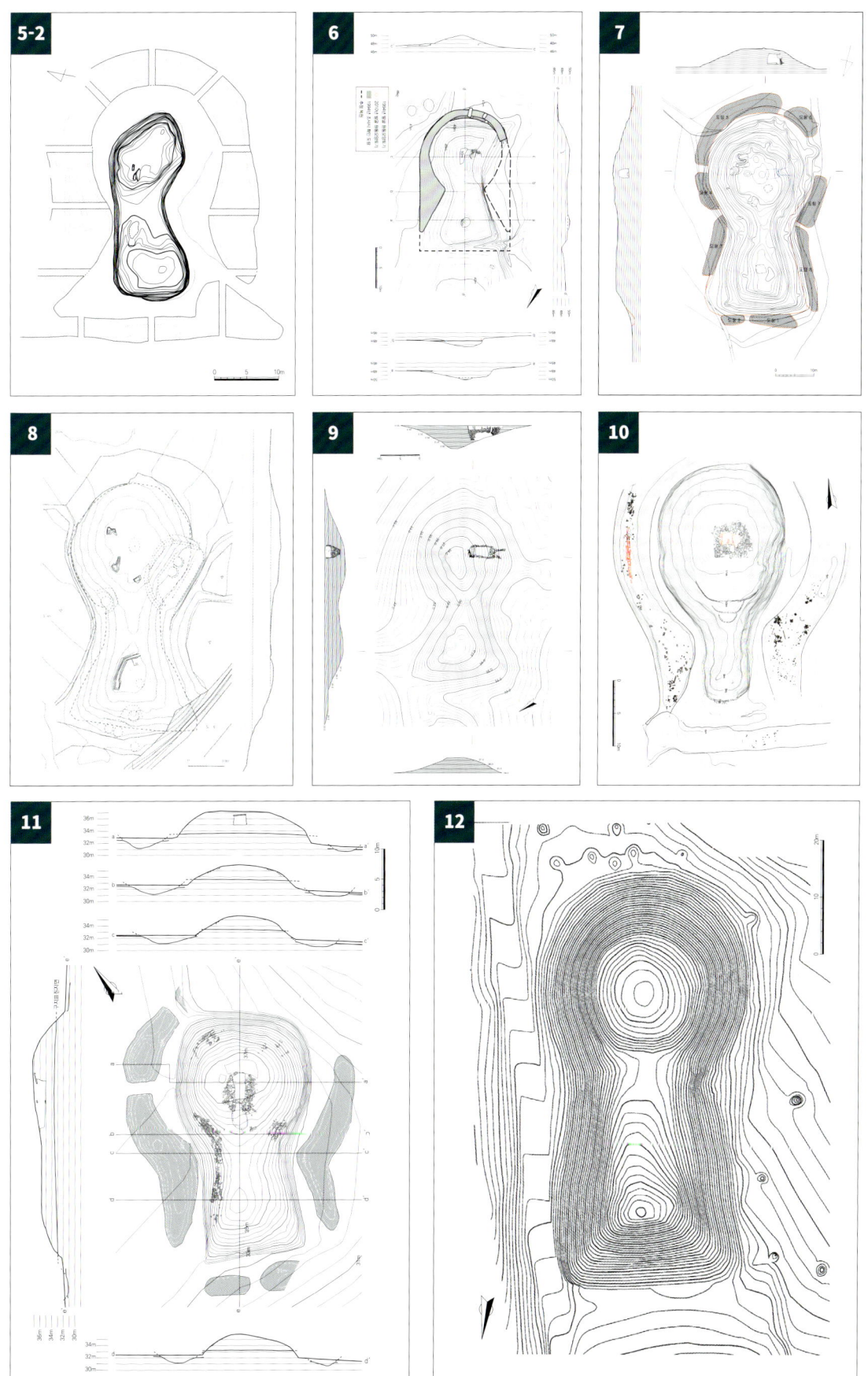

01
뜻밖의 발견, 드러난 실체

우연히 드러난 미지의 공간

조사 이전의 상황

국내에 일본의 전방후원분과 닮은 분구를 갖춘 고분이 본격적으로 알려지게 된 것은 1980년대 중반부터이며 주로 전남지역을 중심으로 발견되기 시작하였다. 장고분의 분구 측량은 1985년 12월에 강인구 교수가 해남 방산리 장고봉 고분을 대상으로 처음 실시하였고 그 뒤 1986년 10월에는 해남 용두리 고분도 측량되었다. 이렇게 고분의 분구 형태에 대한 관심이 증대되면서 국내에서는 분구 형태가 가장 다양한 영산강유역의 고분이 주목받기 시작하였다. 그리고 1980년대 지표조사를 통해 고분으로 보고된 함평 예덕리 신덕 고분, 영암 태간리 자라봉 고분, 영광 월산리 월계 고분이 뒤늦게 장고분으로 밝혀졌으나 분구 측량은 이루어지지 못하였다. 따라서 새롭게 장고분으로 알려진 고분들의 정밀한 분구 실측이 요구되는 시점이었다.

이에 1991년 3월에 이르러 국립광주박물관은 개관 이후부터 꾸준히 조사한 영산강유역 고분의 연구 성과를 바탕으로 함평군 소재 장고분에 대한 분구 측량을 계획하였고, 1990년 함평향토문화연구회가 새로 발견한 죽암리 장고산 고분과 이미 보고된 예덕리 신덕 고분을 대상으로 삼았다.

도굴 구덩이의 발견

죽암리 장고산 고분의 측량을 마친 1991년 3월 26일 오후 신덕 고분에 도착하여 분구를 살피던 중 원형부 서쪽에서 최근에 파헤쳐진 것으로 보이는 도굴 구덩이 흔적을 확인하였다. 이에 현장에 동행한 함평군 나홍채 문화관광계장으로 하여금 도굴에 대한 행정조치와 함께 수사를 의뢰토록 하였다. 다른 한편으로는 사안의 중대성을 고려하여 한병삼 국립중앙박물관장에게 도굴 상황을 보고하였다. 이 보고를 접한 국립중앙박물관장은 이어령 문화부장관에게도 보고하였고, 장관은 검찰총장에게 빠른 수사를 촉구하였다.

도굴 구덩이는 장고분의 원형부 서쪽과 2호분인 원분의 서쪽에서도 다시 팠던 흔적이 있었다. 도굴 구덩이에는 소나무 가지가 채 마르지 않은 상태로 섞여 있었고 주위에도 갓 베어진 소나무가 흩어져 있었다. 또 도굴 구덩이 주위에는 약간의 철기편과 도자편이 흩어져 있어 도굴 사실을 확신할 수 있었다.

신덕 1호분 도굴 흔적

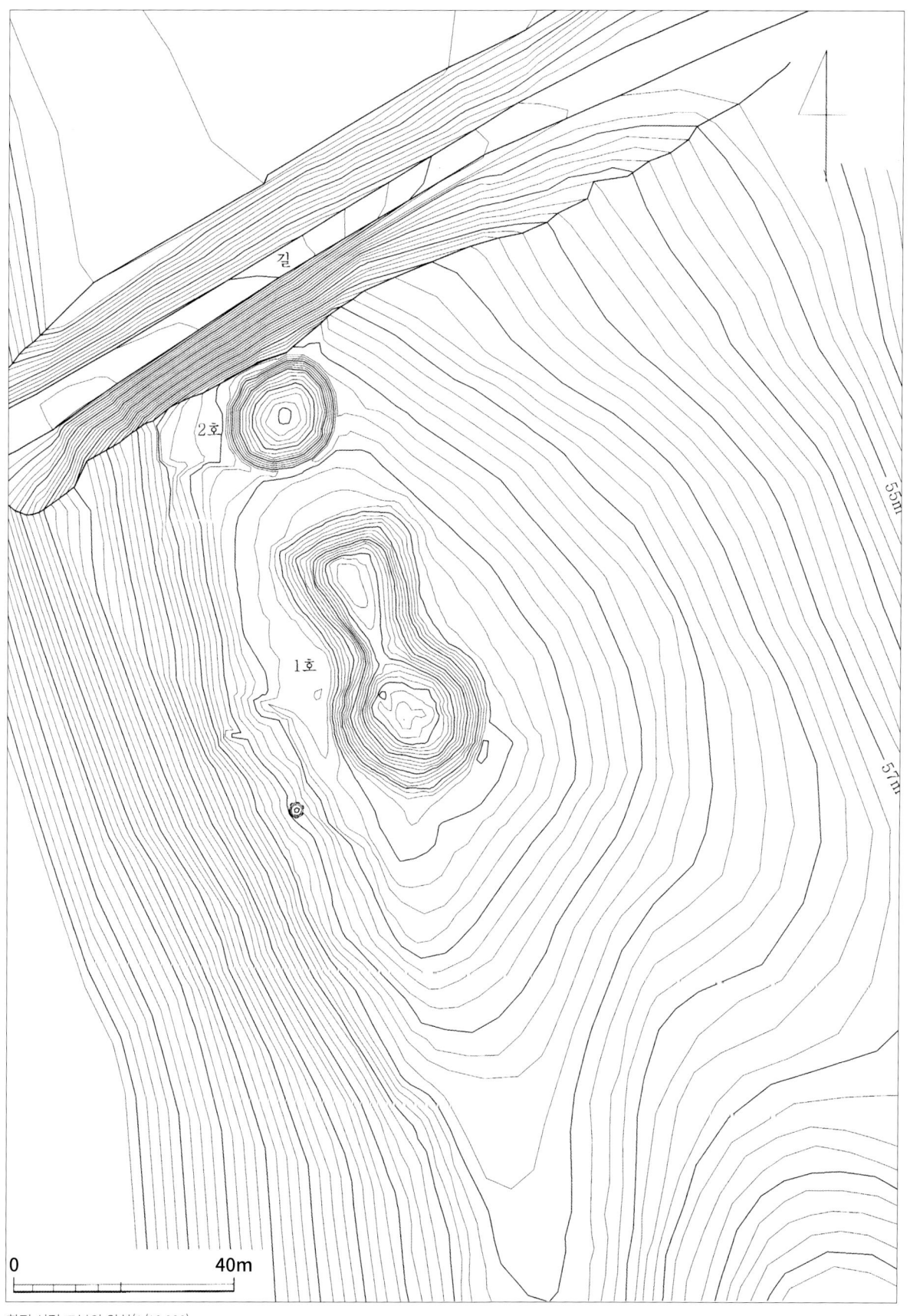

함평 신덕 고분의 위치(1/10,000)

1호 무덤 트렌치 조사 전경

도굴을 확인한 날은 비가 내리기 시작하여 일단 철수하였다. 그리고 3월 28일 현장에 도착하여 분구 측량을 실시하면서 장고분의 도굴 구덩이를 정리하여 도굴 피해 상황 및 내부 구조의 상태를 살펴보았다. 장고분의 도굴 구덩이는 원형부의 정상을 약간 벗어난 서쪽 경사면에 동서방향으로 팠는데 길이는 3.5m이고 폭 1m, 깊이 0.6~0.8m였다. 돌방의 벽쪽은 폭 2m로 넓혀 파고 벽석을 사람이 드나들 수 있을 만큼 뜯어낸 다음 돌방 내부로 침입하였다. 뜯어낸 벽석들은 다소 무질서하게 다시 구덩이에 쌓고 흙과 소나무 가지 등으로 은폐시켜 놓았다.

도굴 구덩이를 정리하고 돌방 내부를 살펴보자 벽의 하부는 판석을 세우고 상부는 깬 돌로 약간 안쪽으로 좁혀가며 쌓은 굴식 돌방무덤橫穴式石室임이 드러났다. 천장은 2장의 판석으로 덮었고 바닥의 북쪽에 치우쳐 깬 돌로 쌓은 관대시설 위에는 나무널 조각이 겹쳐져 있었고 바닥의 여기저기에 유물이 흩어진 상태로 남아 있었다. 도굴 구멍이 서벽의 남쪽 모서리부분에 있어 돌방 바닥으로부터 높이가 높았기 때문에, 나올 때는 관대석의 돌을 일부 뜯어다 디딤받침을 만들고 빠져나온 듯 도굴 구멍 바로 아래에는 깬 돌이 놓여져 있었다. 그리고 바닥 여기저기에 발자국이 뚜렷하게 찍혀 있었고 일부의 유물은 밟혀서 부스러져 있기도 하였다. 또한 금동관 조각, 널못을 비롯한 상당량의 유물이 남아 있었고, 구슬들이 돌방의 동쪽에 매우 많이 흩어져 있음을 확인하였다.

도굴 구덩이를 깬 돌로 쌓아 다시 밀폐시킨 것이라든지 많은 유물을 남겨둔 것으로 보아 재도굴이 염려되었다. 이러한 상황을 고려할 때 돌방 내부에 대한 긴급수습조사를 하지 않을 수 없어 조사계획을 세우고 문화재관리국에 긴급수습조사 허가를 요청하였다.

1호 무덤 널길 바닥 조사

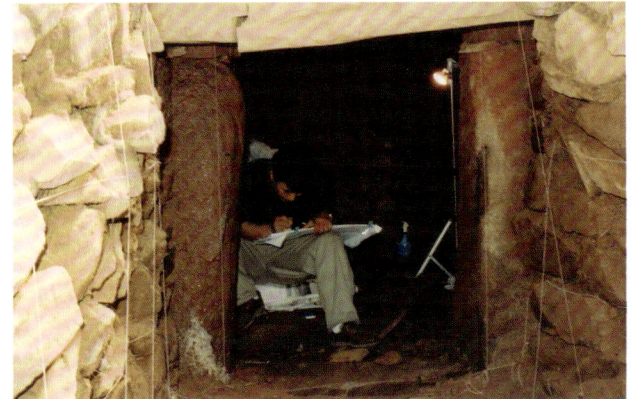

1호 무덤 돌방 조사 전경

2호 무덤 트렌치 조사 전경

조사의 현황

1차 조사인 긴급수습조사는 석실에 대한 조사만을 목적으로 하였고 1991년 6월 17일부터 7월 18일까지 약 1개월간 진행하였다. 따라서 한국의 장고분에 대한 본격적인 학술발굴조사는 1991년 함평 예덕리 신덕 고분의 긴급수습조사를 시작으로 실시되었다. 돌방 구조는 굴식 돌방무덤橫穴式石室이었으므로 널길 부분에 대한 조사를 하지 않을 수 없었다. 널길 부분의 조사에서는 의외로 다량의 토기와 철기 및 칠편이 확인되었다. 동서 장축의 돌방은 벽과 천장에 주칠朱漆을 하였고 바닥에는 관대를 만들었는데 관대 위와 바닥에는 나무널과 널못, 금동관 조각, 금제귀걸이, 칠기 조각 및 다량의 구슬과 철기류 그리고 토기 1점이 남아 있었다. 이 조사로 지상식의 굴식 돌방무덤橫穴式石室을 매장주체부로 하였음이 확인되었으며, 그 결과 한국에서의 장고분에 대한 연구와 관심이 확산되기 시작하였다.

2차 조사는 1992년 4월 24일부터 6월 2일까지 40여 일 동안 분구의 축조방법 등을 밝히기 위해 실시하였다. 조사를 통해 장고분의 매장시설은 원형부에서 확인한 돌방이 유일하다는 것이 드러났다. 또한 원형부와 방형부를 동시에 축조한 사실을 알 수 있었고 무덤 끝자락에는 도랑을 파서 돌렸으며 분구의 중턱에서는 이음돌시설을 확인하였다.

한편 도굴을 확인한 시점이 그 행위가 일어난 직후였기 때문에 곧바로 이에 대한 검찰수사가 진행되었다. 얼마 후 신원을 밝히지 않은 관람객을 가장한 사람이 당시 국립중앙박물관구 중앙청 동문에 포장

2호 무덤 도랑 조사 전경

상자를 잠시 맡겨 놓고는 찾아가지 않아서 그 내용물을 확인해보니 고분에서 출토된 것으로 보이는 철기류였다. 이 유물이 혹시 신덕 고분에서 도굴된 것이 아닐까 추정되어 수습조사 유물과 비교한 결과 신덕 고분 출토품임이 확실해졌다.

3차 조사는 1996년에 이루어졌고 함평군이 신덕 2호 무덤에 대한 정비복원을 목적으로 이루어졌다. 2호의 돌방 구조 및 도랑의 유무는 이전의 조사에서 확인하였다. 따라서 도랑의 전체적인 윤곽을 확인하기 위해 분구 자락을 중심으로 제토작업을 실시하였다. 조사결과 2호분을 전체적으로 감싸는 형태의 도랑이 확인되었다. 조사완료 후 정비복원 과정에서 분구를 더욱 확대하여 복원함으로써 현재는 원형에 비해 크게 변형되었다.

4차 조사는 2000년에 이루어졌고, 전남지역의 대형 고분에 대한 분구측량을 실시하던 전남대학교박물관 조진선 연구원(현 전남대학교 교수)의 제보로 이루어지게 되었다. 함평군은 분구에 대한 시굴조사만 수행했던 장고분의 복원정비 공사를 추진하면서 박물관에 알리지 않았고 현재의 분구를 높고 거대하게 보이도록 흙을 높게 쌓고 돌방을 중심부에 위치하도록 동쪽의 분구를 깎아 복원할 계획이었다. 이에 국립광주박물관은 함평군에 공사 중지를 요청함과 동시에 전면 조사의 필요성을 설명하고 1992년에 부분적으로 확인된 이음돌시설과 도랑에 대한 조사를 진행하였다.

1호 무덤 이음돌 세부 진경

1호 무덤, 도랑 및 이음돌 전경

THE MYSTERY OF SINDEOK ANCIENT TOMBS

INTERVIEW

조사자와의 만남,
그 기억을 더듬다

벌써 시간이 달아나버렸다.
30년 후 이 자리에 서서 다시 회상할 수 있을 것이라고 상상이라도 했을까?
또렷한, 때로는 희미해진 기억들이 교차하는 지금을 기록한다

**비가 연일 오락가락 하는 6월 초,
운 좋게 파란 하늘을 벗삼아 신덕 고분을 함께 거닐었다.**

성낙준 　아~ 깔끔하게 정비되어서 30년 전 모습을 상상조차 할 수 없겠군요. 그때는 나무가 너무 많았고 고분 위에
민묘들이 여기 저기 있었는데…

노형신 　저는 사진으로만 보아서 사실 잘 떠오르지가 않지만 관장님께서는 정말 감회가 남다를 것 같습니다.
당시 실체가 드러나지 않았던 장고분에 대한 조사 덕분에 좋은 자료를 정리하게 되어 저도 남다른 벅참이
있습니다. 혹시 그 때 어떻게 조사가 시작되었는지 말씀해 주실 수 있을까요?

성낙준 　그때는 전시나 발굴조사가 많지 않아서 지역마다 돌아다니면서 지표조사를 했었는데 전방후원분과
유사한 형태의 무덤이 있다면 이쪽 지역일 가능성이 높을 것이라고 생각했어요. 그러다가 해남에서
장고분을 발견하고 이 곳 함평 신덕 고분도 장고분일 것 같아 정밀측량을 하기 위해 왔다가 도굴구덩이를
발견하고 그 안을 들여다보니 돌방(석실) 내부를 확인했습니다. 긴급조사가 필요하다고 판단되어서
신고하고 조사를 시작했지요. 대부분의 유물은 도굴되었는데 이 소식을 들은 초대 문화부 장관이셨던
이어령장관께서 검찰총장에게 전화해서 빨리 도굴범을 잡아달라 요청했고 이러한 사실이 뉴스를
통해 보도되었지요. 뉴스를 본 도굴범들이 몰래 국립중앙박물관 앞에 도굴한 유물 박스를 두고
갔습니다. 유물을 확인해보니 이상해서 광주박물관 측에 연락해 긴급 수습한 유물 일부를 가져와보라고
해서 맞추어보니 작은 쇠칼의 부러진 부분이 딱 맞았지요. 그래서 그 유물이 신덕 고분 출토품임을
확신했습니다.

노형신 　마치 영화같은 이야기네요. 그렇다면 그 이후로 계속 발굴조사를 실시하셨던 거군요.

성낙준 　아마 총 4차례에 걸쳐 조사한 것으로 알고 있는데 장고분에 대한 여러 가지 사실들을 밝혀낼 수
있었답니다. 장고 모양의 봉분에 돌방을 갖추고 널길을 따라 나오면서 제사를 지내고 봉분을 올리면서
돌을 쌓아둔거나 여기저기 토기 조각이 나오는 것으로 보아 봉토를 쌓고 또 의례 행위가 있었다는 점 등을
알 수가 있었지요.

노형신 ● 네, 저도 보고서를 정리하다보니 꽤 흥미로운 정보들이 가득했었습니다. 유물이 가지고 있는 성격이 다양해서 재미있었습니다. 혹시 저희 후배들에게 당부하고 싶은 이야기가 있으신지요?

성낙준 ○ 신덕 고분 1호분은 장고분이고 꽤 시기차를 두고 바로 옆에 2호분이 들어섰는데 백제의 지방 지배와 관련해서 중요한 자료입니다. 또 도굴품은 압수품으로 처리되었는데 유물들은 재지계도 있고 왜계 것도 있어서 아마도 당시 국제적인 여러 관계를 바탕으로 객관적인 입장에서 학술적으로 접근하는 자세와 합리적인 해석을 위한 노력이 필요하다고 생각됩니다.

1 신덕 고분을 둘러보면서 설명하는 성낙준 전 국립해양문화재연구소장
2 신덕 고분 첫 조사 때 고분 앞 소목장 집에서 숙식 해결과 현장설명회 개최(1991년)

계속 비가 추적거린다. 6월 초 어느 날, 역사문화실의 장고분 관련 유물을 전시하고 있는 공간에서 그 때 발굴조사에 참여하였던 은화수 관장님을 만났다. 그의 손은 한 눈에 보아도 낡은 검정 노트를 들고서

은화수 □ 벌써 교체전시를 하셨군요. 신덕 고분 출토품 대신 다른 장고분 걸로 하신거죠?

노형신 ● 네. 도록 촬영 때문에 신덕 유물을 내리고 해남 용두리와 광주 명화동 장고분 출토품으로 대체전시 했습니다. 그런데 지금 손에 들고 있는 것은 무엇인가요?

은화수 □ 이 노트는 신덕 고분 조사할 때 작성한 조사일지인데 보통 야장(야외기록장)이라고도 하죠. 매일 그날 날씨와 일한 사람들, 어떻게 조사하고 무엇이 나왔는지, 토층도 기록하는 등 빠짐없이 모든 내용을 적는 일기와도 같습니다. 이 조사일지가 나중에 보고서 원고를 쓸 때 많은 도움이 되지요.

노형신 ● 조사할 때 막내였다고 알고 있습니다만 이것저것 하시느라 많이 힘드셨을텐데 그 때 당시 이야기해 주실 게 있으신지요?

은화수 □ 당시 저는 아르바이트생으로 참여하기 시작했는데 저에게는 첫 고분 조사였고 그 조사를 계기로 고분을 전공하기로 마음을 먹은 중요한 발굴이었습니다. 열심히 삽과 곡괭이를 들고 다녔지요. 당시 신덕 고분은 소나무가 많았고 여기저기 민묘들이 많아서 꽤 어려움을 겪었습니다.

3 조사일지를 들고 있는 은화수
  국립나주박물관장
4 신덕 고분 조사일지(1991~1992년)

노형신 ● 지금과는 다르게 여러 어려움이나 잊지 못할 이야기들이 많았을 것 같습니다만…

은화수 ▫ 당시 돌방(석실)들은 널길(연도)앞에 유물들이 없었고 흙이 점토질로 너무 단단해서 곡괭이로 흙을 파내다가 어느 순간 멈칫해서 보니 그 아래에 꽤 많은 뚜껑접시들이 옹기종기 있는 것을 보고 놀랐던 때가 제일 먼저 떠오르네요. 또 비가 오니 돌방 안에 물이 차서 양수기로 퍼내고 유물들을 제자리에 보존하기 위해 덮개를 씌우기도 하고 경주의 황남대총 발굴 때 사용했다던 컨베이어 벨트도 설치해서 흙을 신속하게 운반하기도 했습니다.

노형신 ● 그 때 벌써 컨베이어 벨트를 사용하셨군요. 혹시 더 기억에 남는 일들이 있었는지요.

은화수 ▫ 음~ 작업을 시작하고 끝마칠 때 지금 국립전주박물관 학예연구실장인 정상기 선생과 호흡을 맞추어 제가 봉분 위에 서서 "세워~삽", "들어~삽"이라고 외치기도 했습니다. 아~ 그 때 발굴조사 시간이 부족해서 2호분 돌방 내부 실측을 끝내지 못해서 저녁을 먹고 전기를 끌어와서 불을 켜고 밤에 무덤 안에서 실측을 하기도 했지요.

노형신 ● 정말입니까? 불을 켜 두었다고는 하지만 밤에 무덤 안에서 실측이라 무섭지 않으셨는지요?

은화수 ▫ 저 혼자가 아니라 다른 연구원도 같이 있었고 다른 것 보다 모기가 제일 무서웠습니다.

노형신 ● 저도 발굴을 해보았지만 그때가 나름의 낭만이 있었지 않았을까 싶습니다. 마지막으로 당부할 이야기가 있다면 부탁드립니다.

은화수 ▫ 조사 후 빨리 보고서를 만들었어야 하는데 그걸 마무리하지 못한 미안한 마음을 늘 가지고 있었습니다. 늦었지만 이렇게 보고서가 나오고 또 전시와 도록을 통해 일반 대중에게도 알릴 수 있도록 해주어서 고맙다는 말을 전하고 싶습니다.

5 박중환, 성낙준, 조현종, 장제근, 은화수
 (왼쪽부터, 1991년 촬영)
 앞쪽에 동네아이

1993년 9월 17일 조선일보

백제고분도굴 2명 구속
함평신덕 고분, 투구등 65점훔쳐

서울지검 형사1부 李鍾柱검사는 16일 무명유물등이 다량 매장된 백제시대의 고분을 불법 도굴한 뒤 전문도굴꾼 2명을 통해 장물아비에게 팔아넘긴 혐의(문화재보호법위반)로 고분도굴꾼 吳必夫씨(52)를 구속기소하고 자수한 朴복북씨(49)를 불구속입건하는 한편, 달아난 곱상 朴씨 등 3명을 수배했다.

吳씨 등은 91년 3월 25일 밤 전남 함평군 월야면 예덕리 소재 백제후기의 황혁식고분(일명 신덕1호)을 도굴, 서울 대구등지의 골동품상에 팔아넘긴 혐의를 받고 있다. 〈鄭權鉉기자〉

◇도굴된 석실 내부에서 발견된 목관 장식용 은제 발두정(銀製方頭釘).

1993년 9월 17일 경향신문

百濟고분 국보급문화재 도굴
全南함평 모두 65점…둘 拘束·판로 추적

지난 91년 3월 전남 함평군 월야면 예덕리에서 백제후기것으로 추정되는 고분을 찾아내 다량 도굴해 판 전문도굴꾼 일당이 검찰에 검거됐다.

서울지검 형사1부 秋昌光부장검사는 16일 吳必夫씨(52) 朴복북씨(49)등을 문화재보호법위반 혐의로 구속하고 이들로부터 장물을 사들인 박·서씨 등 3명에 대해 수배령을 내렸다.

검찰에 따르면 吳씨 등은 91년 3월 함평군 예덕리 소재 전남기념물 제143호로 지정된 대흥고분 중 5~6점을 파헤쳐 유물 65점을 훔친 혐의다...

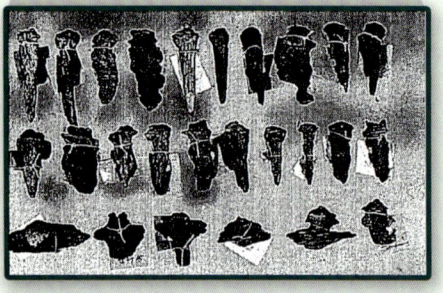

도굴꾼이 휩쓸고 지나간뒤 조사단이 新德고분에서 발굴한 백제후기의 호박·유리제 각종 장신구.

1993년 9월 17일 경향신문

名品만 빼내 「眼目」과시
돈 안될것은 마구 훼손

백제古墳 도굴범구속 안팎

"무령왕릉 버금"…뒤늦게 기념물 지정

도굴된 전남보성 「신덕고분」 전경.

1994년 7월 3일 경향신문

도굴범 법정구속
항소심 罪質비해 刑量낮다

1심 집행유예 깨고 1년선고

02

죽음과 삶, 기억의 공간

이름 모를 그들의 야만적인 침략에
뒤이어 우리가 이제 죽음에 대한
지적인(?) 침략을 시도하였다.

남겨진 사람들은 먼저 떠나간 이를
기억하려 한다. 무덤은 이러한 인간의
본성이 가장 잘 드러나는 장소이자
고고학적 자료이다. 신덕 고분 안팎에서도
죽음을 마주한 인간이 남긴 다양한 흔적을
찾아볼 수 있다. 이러한 무덤 안팎의
상황은 당시 죽은 이를 묻는 과정에서
다양한 의례 행위가 있었음을 말해준다.

02 죽음과 삶, 기억의 공간

떠나간 이를 잊지 않기 위하여

1호 무덤의 구조

1호분은 장고분으로, 현재 지표면을 기준으로 전체 길이가 약 50m이며 방형부는 길이 약 24m, 높이 약 4m이고, 연결부는 폭 약 18m, 높이 약 3.25m이고, 원형부는 길이 약 30m, 높이 약 5m이다. 고분의 외곽을 따라 도랑이 확인되는데, 전체적으로 이어지지 않는 웅덩이 모양으로 모두 8개소를 확인하였다. 분구 표면에는 깬 돌을 한 겹 정도 쌓은 흔적이 남아 있는 곳도 있는데, 위치와 형태로 보아 무덤의 전면에 깬 돌을 깔았던 것으로 보인다.

1호 무덤, 도랑 및 이음돌 전경

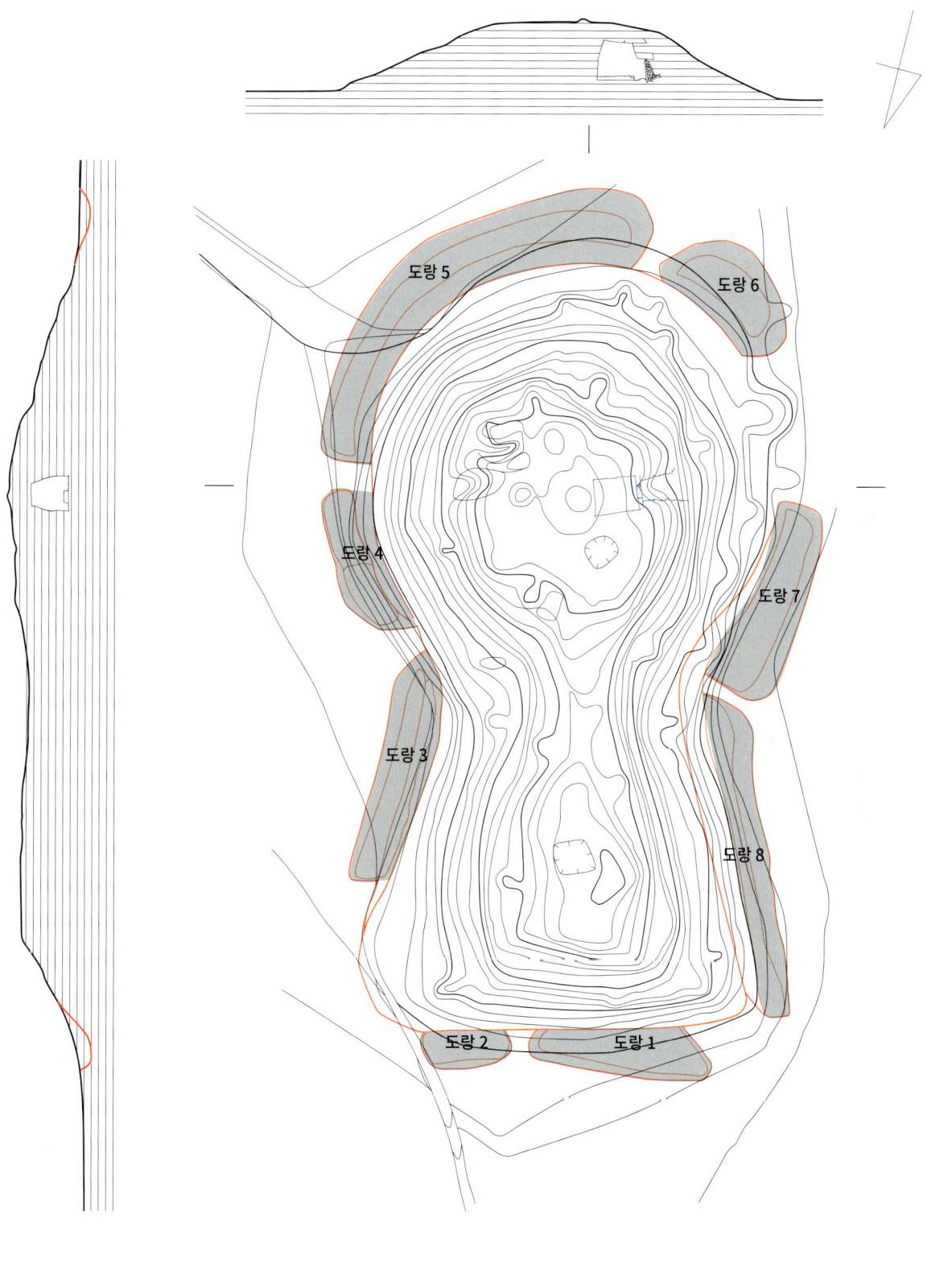

1호 무덤 평·단면도

1호 무덤 분구 이음돌 세부 모습

원형부의 서쪽에서는 굴식 돌방무덤 1기가 확인되었다. 돌방 내부는 도굴이 이루어져 교란되었지만, 널길과 무덤길은 훼손되지 않았다. 널길과 무덤길 벽석은 깬 돌을 쌓아 축조하였고, 천장석은 문미석을 겸하는 대형 석재 1매가 설치되었다. 평면형태는 '八'자형으로 약간 바라진 모습이고 최대 길이 320cm, 너비 114~200cm, 최대 높이 200cm이다. 널길과 무덤길은 작은 깬 돌로 폐쇄되어 있었는데, 폐쇄석 앞쪽에서 다량의 토기와 함께 말띠꾸미개, 화살통 꾸미개 등이 출토되어 무덤 주인에 대한 의례 행위가 있었음을 짐작할 수 있다. 현문의 구조는 문주석, 문지방석, 문미석을 갖춘 문틀식인데, 현문은 대형 문비석 1매로 폐쇄되어 있었다. 돌방의 평면형태는 장방형이며, 후벽이 전벽보다 약간 넓고 현문이 좌측으로 약간 치우쳐 있다. 돌방 바닥의 규격은 단축이 220~245cm, 장축이 290~300cm이다. 바닥에서 천장까지의 높이는 235~250cm로 위치에 따라 차이를 보인다. 돌방 벽석의 최하단석은 대형 판석을 사용하였고 그 윗면부터는 깬 돌을 이용하여 점차 좁혀 들여가며 쌓아 올렸다. 천장은 대형 판석 2장으로 덮었는데, 조사 당시 확인된 크기는 동-서 200cm, 남-북 150cm이다. 돌방 바닥은 깬 돌을 깔고 사이사이에는 작은 깬 돌을 채워 넣었다. 돌방 내부는 전체적으로 주칠을 하였고, 북벽에 치우쳐 장대석 11매로 만든 관대나무널을 놓는 자리가 1곳에 설치되어 있다. 관대의 전체 길이는 252cm, 폭은 90cm 내외이다.

1호 무덤 돌방의 모양

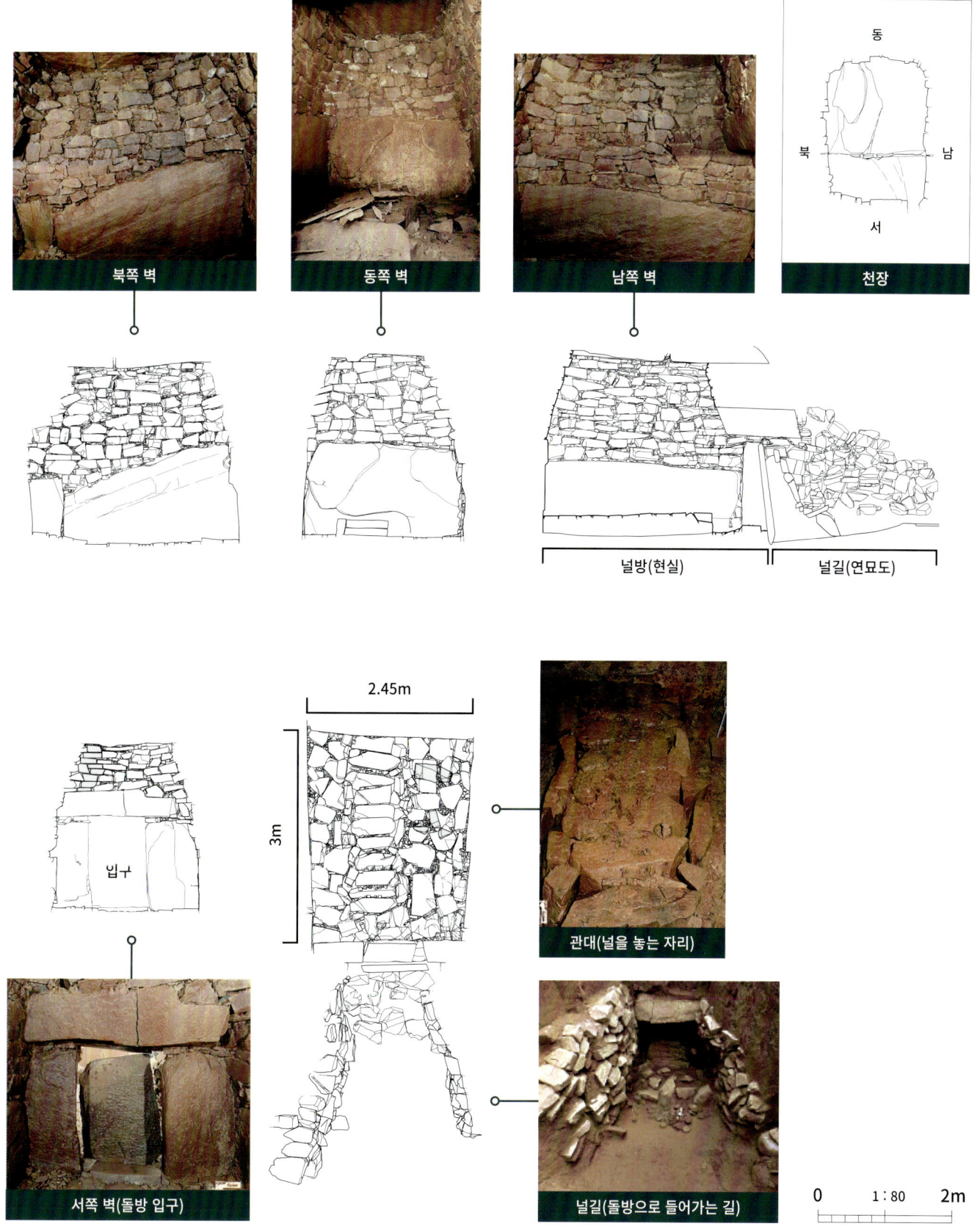

1호 무덤에서 나온 유물

유물은 돌방에서 도굴되었다가 압수된 유물과, 돌방에서 수습된 유물, 널길에서 조사된 유물로 구성된다. 돌방 안에서 출토된 유물은 훼손이 심하여 원래 위치는 정확히 알 수 없으나 대략적인 부장품 조합을 파악할 수 있다. 장신구로는 금동관, 금동신발 등 금동장식품과 함께 연리문 구슬, 중층 유리구슬 등 구슬류를 확인하였다. 또 큰 칼, 쇠투겁창, 쇠화살촉, 비늘갑옷과 투구 등의 무구류, 재갈, 발걸이, 말띠꾸미개 등 말갖춤과 쇠낫, 쇠도끼 등 공구류도 출토되었다. 이처럼 화려한 장식품과 무기류 등의 유물 구성은 무덤 주인의 위계와 성격을 잘 보여준다. 한편 돌방의 관대 위에서는 나무널을 이루었던 나무 조각과 함께 은장식 널못, 널고리가 발견되었다. 토기류는 돌방에서 발견된 긴 목 항아리 1점을 제외하면 모두 널길 폐쇄석 앞 바닥에서 출토되었는데 뚜껑접시, 굽다리 접시, 짧은 목 항아리로 구성되어 피장자를 매장한 이후에 행해진 의례 행위와 관련되었을 것으로 추정된다.

돌방 안 유물의 출토 위치

화살촉, 금동관 조각 출토 모습

01

긴 목 항아리(1호 돌방 출토)

長頸壺
Long-necked Jar

높이 21.3cm

널길 바닥에서 확인한 유물의 출토 위치

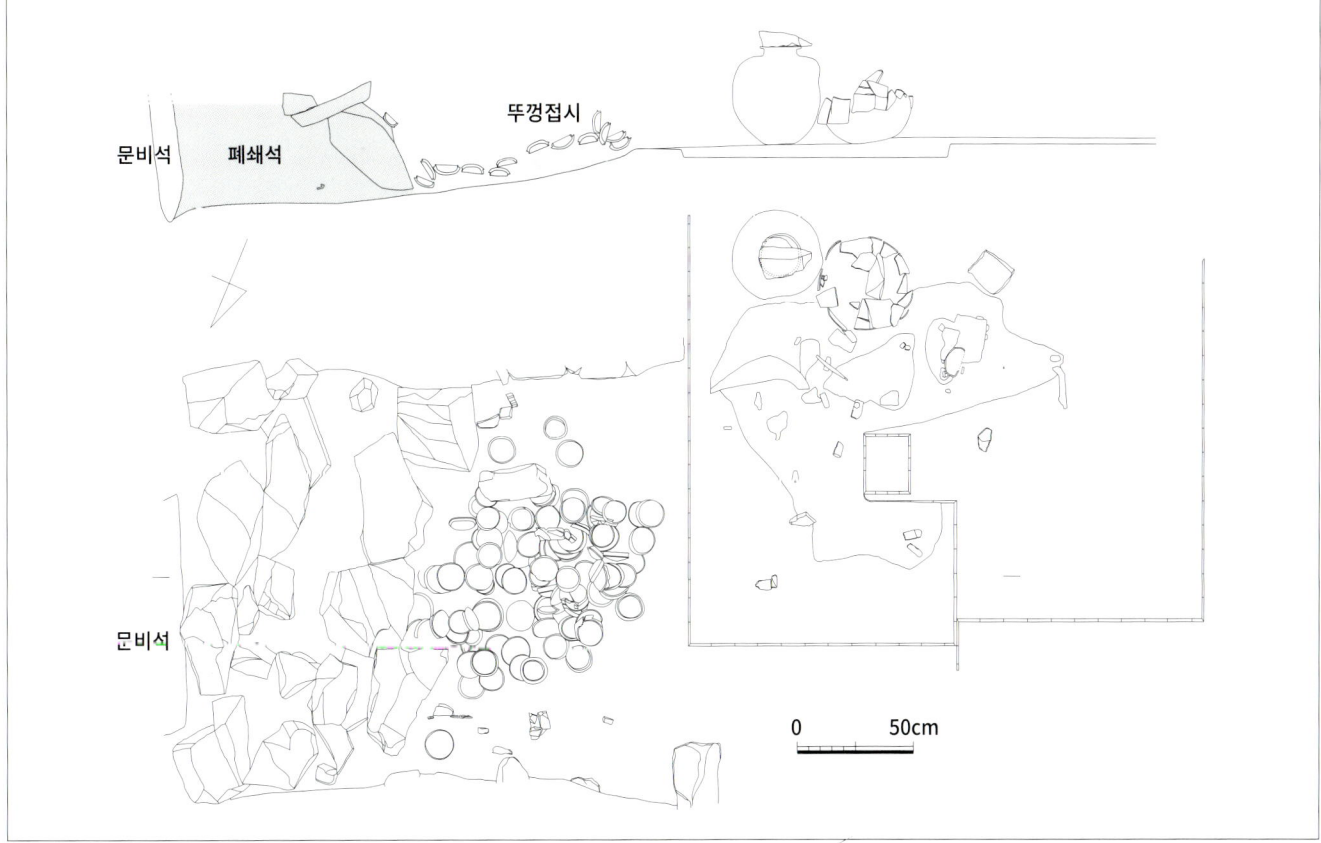

널길 평·단면도

함평 신덕 1호 무덤의 축조 방법과 특징

칼럼 1

노형신

무덤의 규모

장고분은 외형상 측량된 무덤 길이를 기준으로 소형은 40m 이하, 중형은 40m 이상~60m 이하, 대형은 60m 이상으로 구분할 수 있다. 현재까지 발견된 가장 큰 규모의 장고분은 해남 방산리 장고봉 고분으로 전체 길이 76m에 이르며, 가장 작은 규모의 무덤은 광주 명화동 고분으로 전체 길이 33m이다. 발굴조사를 통해 확인된 함평 신덕 1호 무덤의 전체 길이는 50m로 중형에 해당된다.

무덤을 만드는 방법

신덕 1호 무덤은 일부 위치에만 시굴 트렌치 조사를 실시하였기 때문에 구체적인 무덤 축조 방법을 알 수는 없다. 하지만 트렌치 조사를 통해 무덤을 높고 견고하게 만드는 데 다양한 기법이 사용되었음을 밝힐 수 있었다.

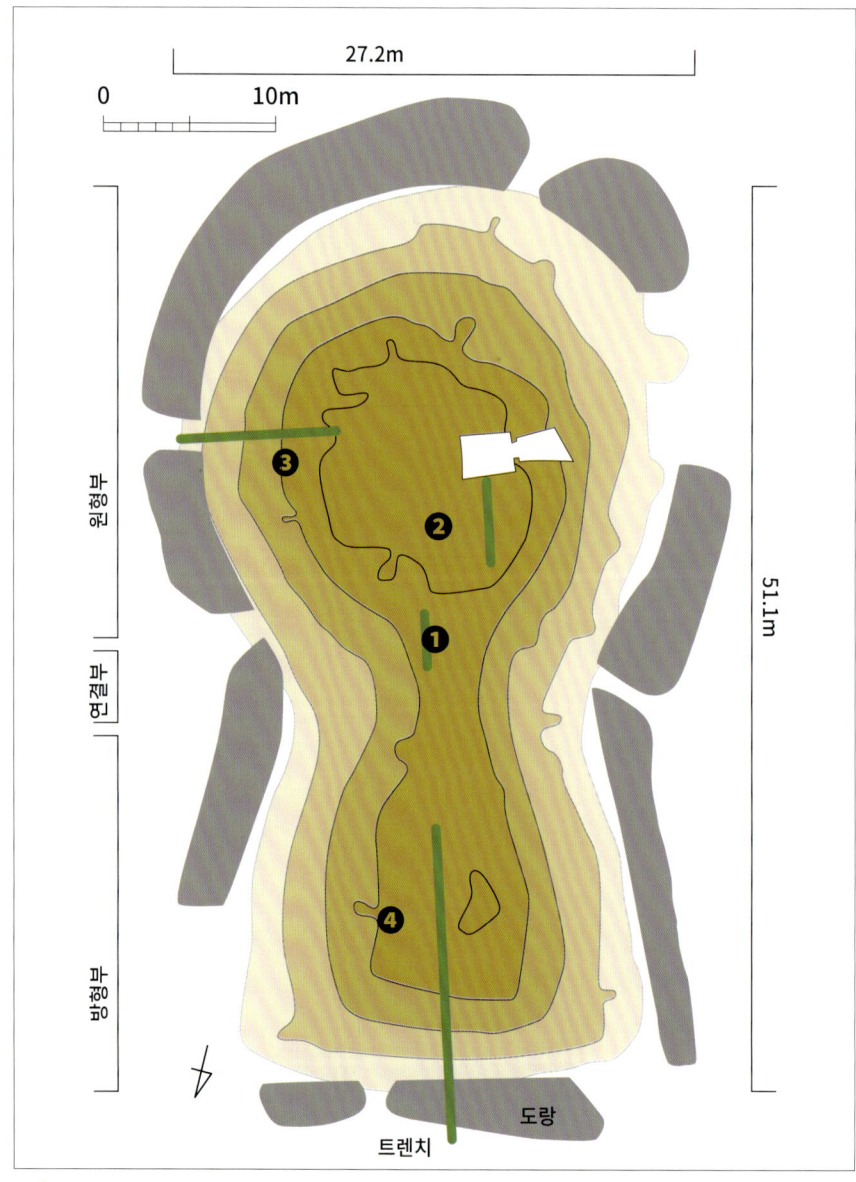

도면1 토층으로 본 신덕 1호 무덤의 축조 방법

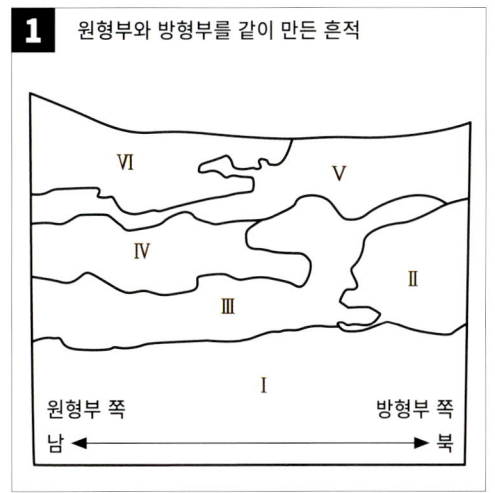

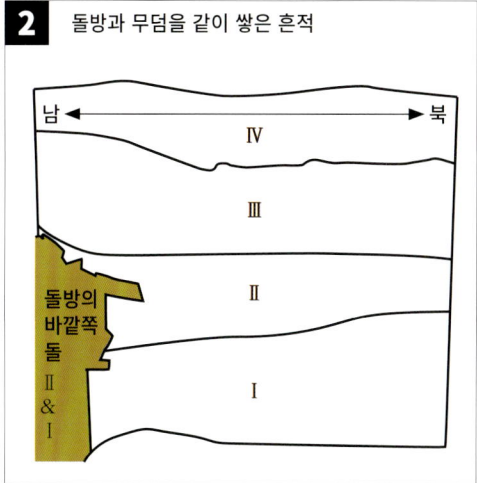

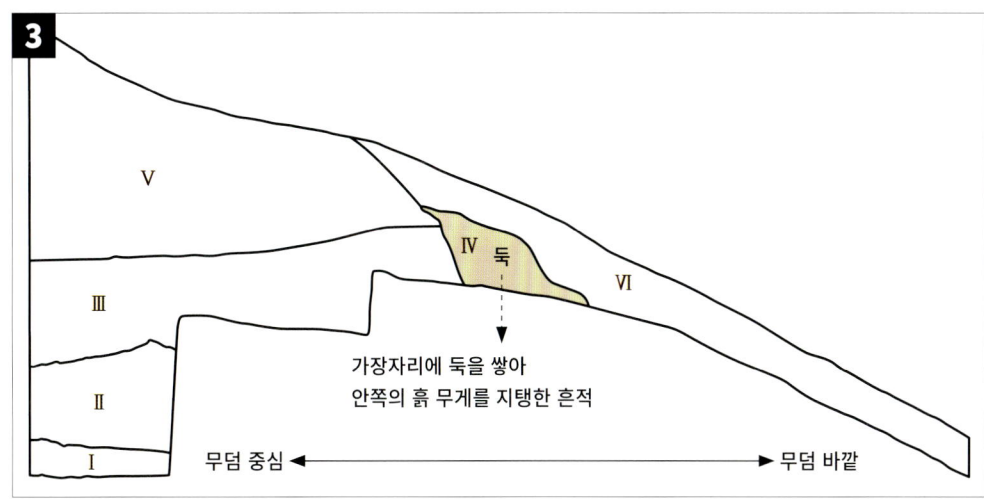

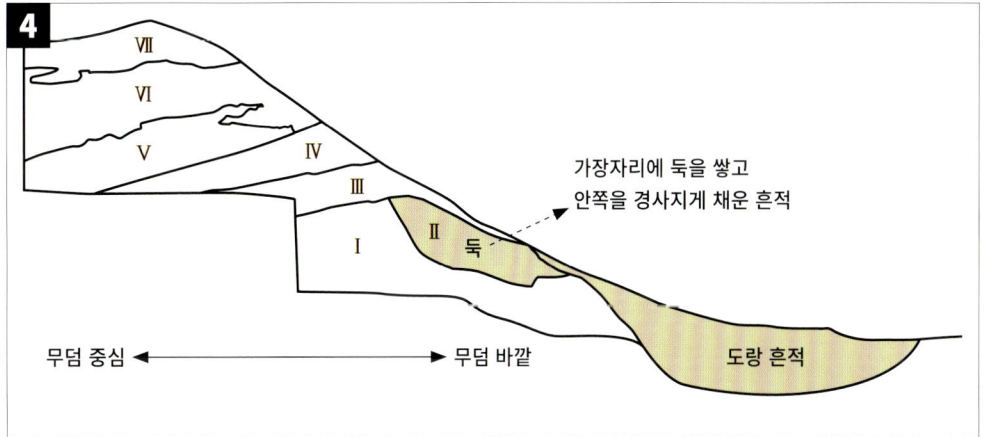

첫 번째로 흙을 엇갈려 쌓는 방법이다. 방형부와 원형부의 경계 부분을 조사하는 과정에서 톱니바퀴가 맞물린 것처럼 토층이 엇갈리게 쌓인 형태를 확인하였다 도면1-1. 이는 방형부와 원형부를 동시에 쌓았다는 것을 의미함과 동시에, 무덤을 높고 크게 만들기 위해 성질이 서로 다른 흙을 엇갈리게 쌓아 더욱 견고하게 만들었다는 것을 보여준다.

두 번째로 돌방과 무덤을 함께 쌓는 방법이다. 돌방의 북쪽과 인접한 부분에서 돌방을 지지하기 위해 바깥쪽에 쌓은 돌에 토층이 물려있는 양상을 확인하였다. 이는 돌방을 지으면서 무덤을 같이 만들었다는 것을 의미한다. 영산강유역에서 무덤을 쌓고 중앙 부분을 다시 판 후 매장시설을 만드는 방법과는 다르다.

무덤의 규모

장고분은 외형상 측량된 무덤 길이를 기준으로 소형은 40m 이하, 중형은 40m 이상~60m 이하, 대형은 60m 이상으로 구분할 수 있다. 현재까지 발견된 가장 큰 규모의 장고분은 해남 방산리 장고봉 고분으로 전체 길이 76m에 이르며, 가장 작은 규모의 무덤은 광주 명화동 고분으로 전체 길이 33m이다. 발굴조사를 통해 확인된 함평 신덕 1호 무덤의 전체 길이는 50m로 중형에 해당된다.

무덤을 만드는 방법

신덕 1호 무덤은 일부 위치에만 시굴 트렌치 조사를 실시하였기 때문에 구체적인 무덤 축조 방법을 알 수는 없다. 하지만 트렌치 조사를 통해 무덤을 높고 견고하게 만드는 데 다양한 기법이 사용되었음을 밝힐 수 있었다. 첫 번째로 흙을 엇갈려 쌓는 방법이다. 방형부와 원형부의 경계 부분을 조사하는 과정에서 톱니바퀴가 맞물린 것처럼 토층이 엇갈리게 쌓인 형태를 확인하였다 도면1-1. 이는 방형부와 원형부를 동시에 쌓았다는 것을 의미함과 동시에, 무덤을 높고 크게 만들기 위해 성질이 서로 다른 흙을 엇갈리게 쌓아 더욱 견고하게 만들었다는 것을 보여준다.

두 번째로 돌방과 무덤을 함께 쌓는 방법이다. 돌방의 북쪽과 인접한 부분에서 돌방을 지지하기 위해 바깥쪽에 쌓은 돌에 토층이 물려있는 양상을 확인하였다. 이는 돌방을 지으면서 무덤을 같이 만들었다는 것을 의미한다. 영산강유역에서 무덤을 쌓고 중앙 부분을 다시 판 후 매장시설을 만드는 방법과는 다르다.

세 번째로 무덤의 가장자리에 둑을 만들고 무덤 중심부를 쌓는 방법이다. 무덤을 가로지르는 트렌치의 토층을 조사한 결과, 무덤의 외곽에 흙으로 둑土堤을 쌓았다 도면1-3, 4. 이러한 둑이 여러 트렌치에서 확인되는 것으로 보아 무덤의 가장자리를 따라서 둑을 조성하였음을 알 수 있다. 특히 방형부 장축에 구획한 트렌치 도면1-4 에서는 가장자리에 둑을 쌓고 그 안쪽에 흙을 경사지게 쌓은 흔적을 확인하였다. 이는 무덤 중심부에 흙을 높게 쌓을 때 필연적으로 발생하는 토압을 지지하는 방법이다. 이렇게 둑을 이용한 무덤 축조 방식은 함평 신덕 고분 이외에도 영산강유역의 대형 고분에서 일반적으로 확인된다. 일본에서는 교토京都 무코시向日市 모토이나리 고분元稻荷古墳, 이츠카하라 고분五冢原古墳 등에서 확인된 바 있다.

무덤의 주위를 두른 도랑

신덕 1호 무덤의 주변에서는 무덤의 기저부를 따라 웅덩이 형태의 도랑이 확인된다. 도랑은 무덤 주변을 완전히 감싼 것이 아니라 중간 중간 단절된 모양이다. 원형부 주위에 4곳, 방형부 주위에 4곳의 웅덩이형 도랑이 확인되었는데, 돌방 입구 쪽과 방형부의 모서리 부분에는 도랑이 발견되지 않아 무덤으로 출입하던 통로였을 것으로 추정된다. 특히 돌방 입구 쪽은 다른 곳에 비해 도랑이 없는 부분이 넓은데, 돌방의 널길 바닥에서 토기를 이용한 의례 활동이 이루어진 것과도 관련된 것으로 보인다. 무덤 주변에 도랑을 만드는 이유로는 무덤을 쌓는 데 사용할 흙의 조달, 무덤을 더욱 크게 보이기 위한 방법, 의례를 위한 장소의 조성 등 여러 의견이 있다. 이러한 웅덩이형 도랑은 나주 신촌리 9호분 등 영산강유역의 대형고분과 함께 고성 송학동·내산리 고분군 등 소가야 지역의 무덤에서도 확인된다. 반면 장고분과 유사한 형태를 보이는 일본의 전방후원분은 주로 무덤의 주변을 완전히 감싸는 방패형 도랑 형태이며, 각 지역 사이의 관계를 짐작해볼 수 있다.

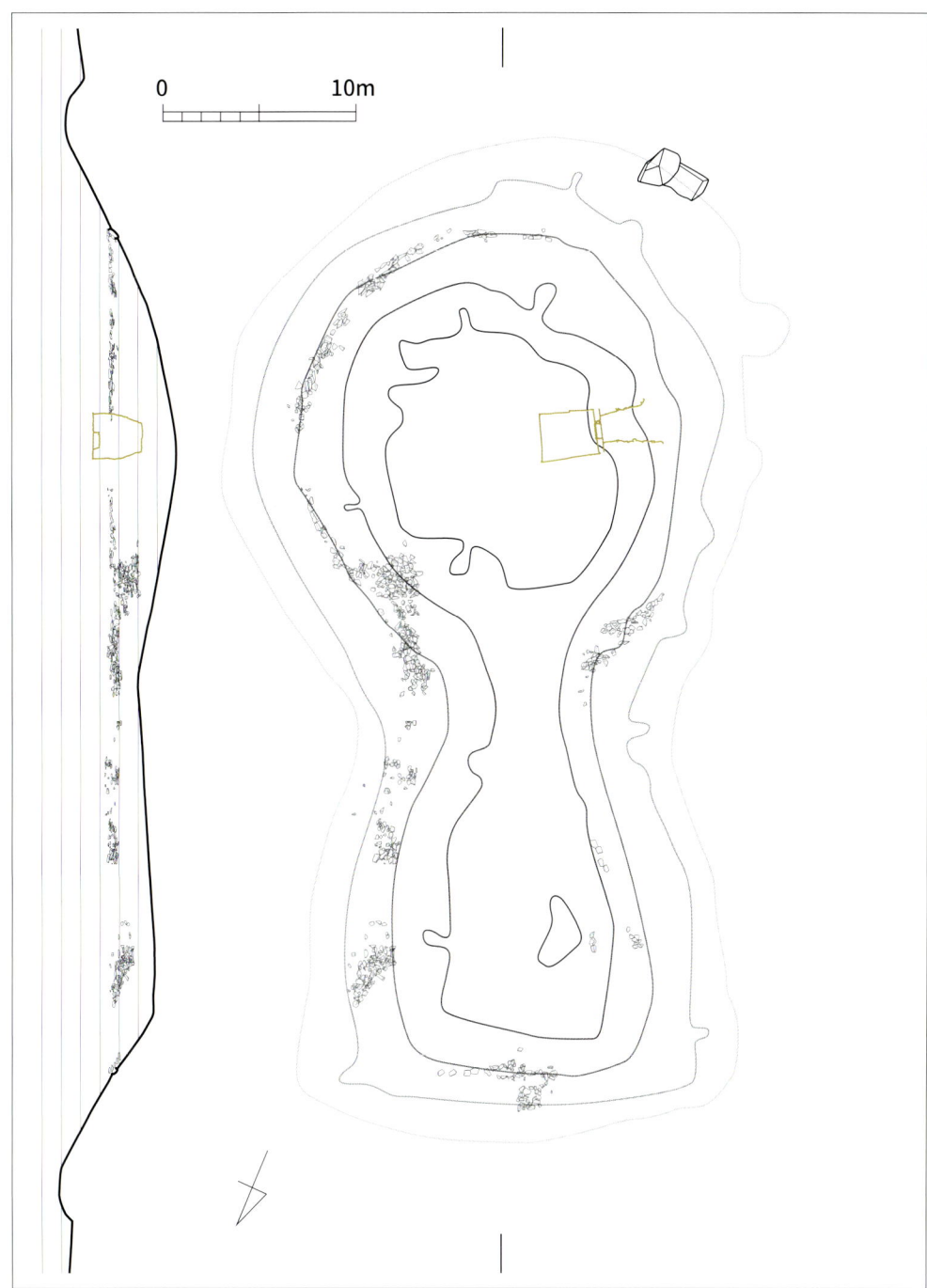

도면2 신덕 1호 무덤 이음돌 시설의 범위

참고문헌

김낙중, 2021, 「함평 신덕 1·2호분의 분구와 석실」, 『함평 예덕리 신덕고분』, 국립광주박물관.
오동선, 2009, 「나주 신촌리 9호분의 축조과정과 연대 재고」, 『韓國考古學報』 73, 한국고고학회.

02
죽음과 삶, 기억의 공간

무덤 밖, 망자를 위한 진혼

신덕 1호 무덤의 원형부 꼭대기에서는 의례 행위에 사용되었을 것으로 추정되는 토기받침器臺의 조각이 확인되었다. 그릇받침은 통형인데, 무늬나 장식으로 보았을 때 수직 돌대, 고사리형 돌대를 사용하는 두 개체로 구분할 수 있다. 당시 사람들이 이 그릇받침을 의도적으로 깨트려서 무덤에 뿌렸을지, 아니면 제사를 지내기 위해 사용하였을지는 알 수 없다.

돌방 앞 널길에서는 다양한 의례의 흔적이 확인된다. 돌방은 문비석으로 봉해지고, 그 밖을 폐쇄석으로 채웠는데 폐쇄석 아래의 바닥에서 쇠낫, 쇠도끼, 말띠꾸미개, 화살통 꾸미개 바닥판 조각 등 철기 유물을 확인하였다. 이 중 말띠꾸미개와 화살통 꾸미개 바닥판 밑판은 돌방 안에서 출토된 것과 같은 세트로 파단되어 돌방에 넣은 껴묻거리 중 일부를 널길의 바닥에 배치했음을 알 수 있다. 폐쇄석의 사이에서는 뚜껑접시와 굽다리 접시의 조각이 확인되었는데, 서로 접합되는 것으로 보아 의도적으로 토기를 깨어 폐쇄석을 설치하는 도중에 넣어 두었던 것으로 보인다. 폐쇄석 바깥의 바닥에서는 다량의 뚜껑접시와 함께 짧은 목 항아리가 확인되었는데 이 안에서는 참돔으로 추정되는 물고기 뼈가 나왔다. 즉, 폐쇄석을 모두 설치한 이후 고인을 위해 음식물을 바치는 제사가 있었음을 의미한다.

트렌치 및 분구 정상 출토

02

**백자 사발과 토기 조각
(트렌치)**
白磁鉢·土器片
White Porcelain Bowl and
Shards of Pottery

높이(백자 사발, 왼쪽) 8.7cm

03

**그릇받침 조각
(분구 정상)**
器臺片
Shards of Pottery Stand

길이(왼쪽 아래) 2.8~8.3cm

널길 출토

04

돌뚜껑과 항아리
石製蓋·短頸壺
Stone Cover and Short-necked Jar

높이(항아리) 40.0cm

05

참돔뼈
鯛骨
Bones of Sea Bream

길이 0.8~2.0cm

06
돌뚜껑과 항아리
石製蓋·短頸壺
Stone Cover and Short-necked Jar

높이(항아리) 38.0cm

07
굽다리접시
高杯
Mounted Dishes

높이(왼쪽) 13.4cm

08

화살통 꾸미개
盛矢具
Quiver Ornaments

바닥 너비 10.1cm

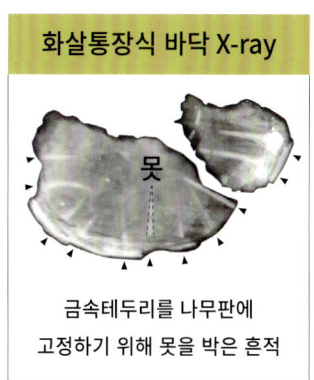

09

쇠낫
鐵鎌
Iron Sickle

길이 6.5cm

10

쇠도끼
鐵斧
Iron Axe

길이 6.0cm

11

말띠꾸미개
辻金具
Harness Fitting

길이 5.1cm

12

뚜껑접시
蓋杯
Dishes with lid

입지름(뚜껑, 아래) 11.3cm

토기를 포갠 흔적

짚흔

토기를 포갠 흔적

칼럼 2

무덤 안과 밖, 의례의 퍼즐을 맞추다

김현희

누구를 위한 퍼포먼스 performance 인가?

무덤은 지나간 기억을 진열하고 과시하고 죽은 자의 영광을 이어받아 살아있는 자를 넘어 다음 세대까지 건네기 위한 행위가 펼쳐지는 공간이다. 그 행위는 일종의 퍼포먼스performance처럼 격식을 차리고 그 안에 담긴 여러 관념들을 전달하기 위한 또 다른 기억극장으로서 무덤 안팎을 활용한다. 대부분 말과 행동으로 전달할 수밖에 없었던 그들만의 풍부한 경험과 차별화된 이미지를 오래도록 공유하기 위해서였다. 우리는 그 행위를 볼 수 없지만 행위의 결과물로 남은 잔존물을 통해 그 때의 기억을 하나 둘 짜맞출 수밖에 없다. 하나의 무덤을 만들기 위해 땅을 파고 돌과 흙을 쌓아 올리고 그 안에 소중한 물건들을 차곡차곡 넣어두고 음식과 공헌물을 바치는 일련의 과정은 세심한 고고학자와 역사학자의 열정으로 되살아난다.

영산강유역의 백제 고분에서 확인되는 다양한 무덤 의례, 즉 무덤을 만들어 쌓고 죽은 자를 위로하는 행위의 결과물은 많지 않다. 무덤 축조의 과정마다 이루어지는 의례의 단편적인 퍼즐을 맞추어보자.

죽은 자를 위한 의례

신덕 고분은 1990년대 발굴조사에서 매우 중요한 자리를 차지하고 있다. 비록 도굴로 인해 주요 유물들의 출토상태에 대한 정확한 정보를 알 수 없지만 여러 차례의 발굴조사로 다양한 정보를 끄집어낼 수 있었다. 특히 중요한 것 중의 하나가 장고분의 의례에 대한 정보이다. 무덤과 관련된 의례는 무덤 주체부인 돌방 속, 돌방의 출입문, 널길, 무덤길, 분구 등 그 과정마다 예를 갖추고 음식을 바치고 때로는 동물을 희생해서 바치기도 한다. 물론 신라나 가야에서는 사람도 희생물로 바치기도 했다.

신덕 고분 1호분은 이미 도굴로 인해 돌방의 위치를 파악했고 돌방으로 들어가는 위치인 널길을 확인하였다. 널길은 양쪽으로 돌로 벽을 쌓아 바깥으로 벌어지는 형태를 갖추고 있었다. 아무것도 없을 것이라는 생각은 돌방 폐쇄석 노출작업으로 바뀌었다. 폐쇄석 위에 놓여진 각각의 뚜껑접시 2점을 발견하였고 폐쇄석 아래쪽의 널길 내부 흙을 파내다가 113점의 뚜껑접시와 3점의 굽다리접시를 확인하였다. 특히 뚜껑접시는 최대 5단까지 쌓여진 상태였고 토기 사이에 동-서 방향으로 놓인 작은 할석은 폐쇄석 끝단의 높이와 거의 맞떨어지는 것으로 보아 수많은 뚜껑접시를 놓아둔 꽤 넓은 나무 판이 있고 그것을 받쳐 줄 받침돌로 사용했을 것으로 추정하지만 나무판의 수평을 맞추어줄 동쪽 끝부분에 할석이 없다는 점도 무시할 수는 없다. 또 다르게 생각해보면 뚜껑접시 군 끝에 있는 작은 할석의 서쪽 부분에 뚜껑접시 4점이 나무판의 바깥쪽으로 쓰러져 겹쳐진 상태로 미루어보면 나무판의 받침대로 할석을 활용한 것이 아니라 남-북 방향으로 '□'모양의 낮은 나무탁자일 가능성도 배제할 수 없다.

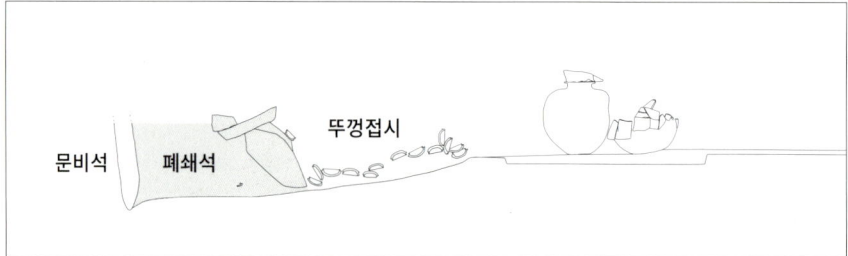

널길 단면도

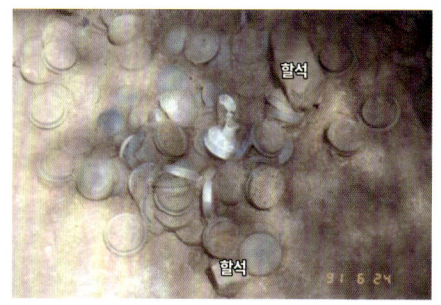  

널길에서 출토된 뚜껑접시와 굽다리접시

텅 빈 토기 속, 무엇으로 채웠을까?

널길羨道를 지나 무덤길墓道 남쪽 벽석 끝부분에서는 돌뚜껑을 덮은 짧은목 항아리 2점과 반원형의 화살통장식 밑판과 쇠화살촉, 쇠낫 등을 확인하였다. 무덤길 남쪽 벽석의 끝부분에 맞추어 수직으로 흙을 파낸 층위가 명확하게 확인되기 때문에 별도의 굴착 행위를 한 후 항아리와 철제품 등을 두었던 것으로 보인다. 즉 널방 앞 널길에서 100여 점의 뚜껑접시를 두는 의례를 한 후 무덤길을 흙으로 덮어 쌓으면서 나온 후 다시 무덤길 남쪽 벽석 끝부분에서 수직으로 흙을 파 낸 후 다음 의례를 진행했던 것이 아닐까 싶다.

특히 항아리 중 격자무늬가 새겨진 항아리 안에서 참돔뼈를 확인하였다. 참돔뼈의 존재는 빈 항아리를 넣어 두는 것이 아니라 음식을 바치기 위한 용기로 활용하였음을 보여준다. 최근 해남 방산리 장고봉 돌방의 널길 조사에서 10세트의 뚜껑접시가 나왔는데 그 중 하나에서 물고기뼈를 확인하였다. 이것으로 보아 아마도 신덕 고분의 100여 점의 뚜껑접시에도 다양한 물고기 등을 제사 음식으로 넣었을 것이다. 다른 장고분에서 확인한 동물유체로는 영암 자라봉 고분의 돌방에서 소 최소 4개체, 돼지 최소 1개체분의 뼈, 함평 마산리 고분 돌방의 소 이빨이 있다. 즉 널길에서 뿐만 아니라 죽은 자가 누워있는 돌방 내부에서도 음식 공헌 등의 의례 행위를 하였던 것이다.

돌뚜껑 항아리 안 참돔뼈 출토   남쪽 널길 벽 아래 항아리 출토 모습(세부)

해남 방산리 장고봉 널길 내 뚜껑접시 속에 담겨있는 물고기뼈   해남 방산리 장고봉 돌방 앞 널길 뚜껑접시 출토상태

그리고 영산강유역 백제 고분에서 확인한 동물뼈김건수 2021는 나주 복암리 1호 돌방 도랑말 이빨, 2호 돌방 도랑소 완전한 1개체로 소머리를 꺾어서 놓음, 말 다리뼈와 이빨, 개뼈, 3호 앞트기식돌덧널횡구식석곽 안말 다리뼈, 4호 독널 뚜껑접시멸치류, 가자미류, 7호 서쪽 도랑머리뼈를 제외한 소 1개체, 주변에 박씨, 무안 고절리 고분 분구 내부가묘, 18살 이상의 말 머리뼈, 신안 상서 고분 돌방소 이빨, 광주 행림 유적 이음돌무덤즙석분 분구소 이빨, 군산 산월리 2호 돌방말뼈, 3호 돌방말 이빨, 신안 상서 고분 돌방소뼈, 함평 석계 고분 돌방항아리 안 민어뼈 등에서 확인되었다. 그 외 신라나 가야지역에서는 무덤과 관련된 동물뼈 뿐만 아니라 건물지 초석, 성벽 아래, 우물, 주거지 등 다양한 성격의 유적에서 동물뼈와 복숭아씨 등의 식물잔존물이 확인되고 있기 때문에 일상과 관련된 다양한 성격의 의례에 동물을 희생하거나 음식을 공헌하는 행위김현희 2018가 자주 있었음을 알 수 있다.

나쁜 기운을 막는 행위, 훼기毁棄

그 외에 널길과 무덤길에서 확인한 의례 외에도 봉분을 쌓아 올린 후 정상부에서 이루어지는 의례 행위도 있다. 신덕 고분의 경우는 그릇받침器臺을 일부러 깨뜨려 그 주변에 흩어놓기도 하고 영암 자라봉 고분처럼 무덤의 최상위 성토 부분에 2개의 합구식 대용관代用棺을 묻거나 원형 부분과 방형 부분이 만나는 곳에서 항아리의 아가리를 깨뜨려 묻기도 하였다. 이처럼 물건을 일부러 깨뜨리는 훼기 습속은 여러 장고분에서 다른 형태로도 나타난다. 중국에서 들어온 것으로 보이는 동전무늬도기施釉陶器는 함평 마산리 장고분과 해남 용두리 장고분에서 확인된다. 특히 용두리 고분에서는 1점의 동전무늬도기를 깨뜨린 후 각각 분구, 이음돌시설葺石, 무덤 주변 도랑, 돌방 내부함몰토에 나누어 넣었다.

또 분구의 경사면에 이음돌시설과 원통모양 토기를 세워두는데 전자는 흙이 흘러내리는 것을 막고 분구 안팎을 구분하는 역할을 하기도 한다. 후자인 원통모양 토기는 광주 명화동 장고분처럼 분구 주변을 장식한다는 의미도 있지만 의례적인 과시물로서의 역할도 있다. 이러한 원통모양 토기는 도랑에서도 발견되는데 특히 월계동 장고분이나 영암 자라봉 고분의 도랑에서 원통모양 토기편들도 확인되고 자라봉 고분의 도랑에서는 분주형목기도 함께 확인되는 것으로 보아 일종의 의례의식 과정이 있었을 것으로 추정된다.

그렇다면 물건을 일부러 부수거나 구부리는 등의 행위, 훼기毁棄는 무엇을 의미하는가? 일찍이 신석기~청동기시대부터 토기 등을 일부러 부수는 훼기에 대한 자료가 확인된다. 영산강유역의 마한 단계의 분구묘 도랑 안에서 확인되는 호형토기 중 1개체를 깨뜨려 일정한 간격으로 두는 것을 훼기에 의한 결과물노미선 외 2012로 본다. 토기 전체를 부수거나 토기의 일부분주로 아가리를 깨뜨리는 행위는 죽은 자와의 단절을 의미하기도 하고 일본의 경우 무덤 축조에서 확인되는 쇠검이나 화살촉, 쇠낫 등을 구부리는 훼기는 죽은 자의 재생또는 부활을 막기 위한 행동, 또는 죽은 자의 소생에 대한 두려워하는 마음을 표현하는 행위로 보기도 한다. 특히 일본 오이타현大分縣 우에노하루上ノ原 48호 돌방무덤에서는 남성의 인골 중 오른쪽 무릎 슬개골을 일부러 왼쪽 발 밑에 두고 그 위에 조롱박을 두었다. 이는 죽은 자의 다리뼈를 일부러 훼손하여 재생을 막고자 하는 의례적 행위로 보았다사카모토 2020. 물론 우리나라에서도 이와 비슷한 사례가 있다. 영남지역인 함안 도항리 8호분김재현 2010의 6개체의 순장 인골 중 1개체에서도 확인된다. 즉 오른쪽 슬개골이 왼쪽 관골골반뼈 위에 놓여 있었다. 그 외 덧널무덤木槨墓나 돌무지무덤積石木槨墳에서 쇠창이나 큰칼을 일부러 구부려서 무덤에 넣어두기도 하는 것도 이와 유사한 양상으로 볼 수 있다. 물건을 일부러 깨뜨리는 행위는 최근까지도 이사한 집에 들어가 그릇을 일부러 깨뜨려서 나쁜 기운을 막고자 하는 행동으로 이어진다.

붉은 기운을 칠하는 벽사辟邪, 주칠朱漆

색이 주는 기운은 우리가 생각하는 것만큼 단순하지 않다. 각각의 색이 지니고 있는 독특한 기운과 상징은 선사시대부터 현대까지 이어져 오는 오래된 관념과도 같다. 특히 붉은 색은 색 자체의 강렬함으로 나쁜 기운을 표현할 때 사용하기도 하고 반대로 나쁜 기운을 몰아내는 상서로운吉祥 역할을 담당하기도 한다.

이미 알려져 있는 것처럼 신덕 고분 돌방 내부에 주칠의 흔적이 남아 있고 해남 방산리 장고분 돌빙 내부도 마찬가지다. 최근 조사한 창녕 교동 63호분이나 함안 말이산 13호분 내부에서도 주칠의 흔적이 확인되는 등 한반도 남부 지역의 무덤 내 주칠 현상은 무덤 축조 과정 중 의례의 하나로 꼽을 수 있다. 나쁜 기운을 막기 위해 철기를 일부러 구부리거나 부수는 것만으로도 부족했는지 영산강 유역의 돌방 안쪽 무덤돌이나 독널甕棺 안쪽도 붉게 칠하였다. 신라나 가야의 경우는 무덤 벽이나 바닥, 나무널의 안과 밖을 붉게 칠하기도 하고 주로 운모와 함께 출토되는 사례가 많기 때문에 도교의 불로장생이라는 관념과 연관짓기도 한다. 붉은 색에 대한 경외에 가까운 관념은 이미 선사시대때부터 나타난다. 중국·일본뿐만 아니라 우리나라도 신석기시대부터 옻의 존재에 대한 인식은 밀양 신안유적 붉은간토기에서 확인하였고 부산 가덕도 장항유적의 붉은 색 안료덩어리의 존재도 눈여겨 볼만한 자료이다.

옻칠은 옻나무에서 얻은 날 것 그대로의 생칠生漆과 생칠을 정제한 것으로 구분한다. 정제칠은 생칠에 주사朱砂, HgS 수은 황화물를 섞으면 붉은 색을 띠고 산화철을 섞으면 흑칠黑漆이 된다. 매우 귀한 안료이기 때문에 최상위계층만 사용할 수 있는 귀한 것이다. 그러나 엄밀히 고고학 유적에서 확인되는 주朱는 주HgS, 유화제2수은; 수은과 유황을 화합한 인공수은주와 벵가라Fe_2O_3, 산화제2철; 철분이 많은 점토를 소성, 연단鉛丹, 사삼산화연으로 구분되는 인공물이며 황단, 단, 광명단, 적단 등이라는 산화물이라는 종류로 구분할 수 있다. 붉은 빛을 띠는 주칠 중에서 벵가라Fe_2O_3로 판명된 것은 해남 신월리 방대형분의 벽과 천장 부분과 창녕 송현동 6·7호분 돌방 벽면이 있고 경주 황성동 881-1번지유적 돌무지덧널무덤의 굽다리접시와 항아리 일부, 나주 복암리 3호분의 15호 독널의 완에 담긴 것 등이 있다. 수은황화물HgS인 주사로는 김해 죽곡리 36호 돌덧널무덤 내에서 확인된 사례가 있다김은경 2012.

이러한 무덤 내 주칠 현상은 나쁜 기운을 막아내고 불로장생과 같은 관념의 하나로 베풀어지는 의례 과정에서 나타난 것이라 보인다. 신라·가야의 영남지역과 영산강유역의 주칠 현상은 세부적인 측면에서 약간의 차이를 보이고 있지만 기본적인 관념에서 비롯된 의례의 한 과정임에는 틀림없다.

영산강유역의 장고분영남 자라봉, 해남 방산리, 함평 신덕, 광주 명화동과 왜계 돌방무덤해남 조산고분 등의 주칠 현상은 주로 일본 전방후원분과 연관짓는 경향이 많았으나, 이전 시기의 독널무덤에서도 이미 확인된 주칠의 사례도 있기 때문에 일본과의 일방적인 연관성 외에 기존 재지문화와의 연계성 여부 등을 좀더 검토할 필요가 있다.

함평 신덕 1호 돌방 내부 주칠 상태

해남 방산리 장고봉 돌방 내부 주칠 상태

참고문헌

김건수, 2021, 『맛있는 고고학』, 대한문화재연구원.
김은경, 2012, 「삼국시대 고분출토 朱와 그 의미」, 『영남고고학보』 61, 영남고고학회.
김현희, 2018, 「고고자료로 본 고대 음식문화」, 『제18회 신라학국제학술회』, 경주시·신라문화유산연구회.
노미선·강병선, 2012, 「영산강유역 호형토기의 조업과 훼기 연구-광주 평동유적 분구묘출토품을 중심으로」, 『야외고고학』 14호.
사카모토 토요하루, 2020, 「고대 일본의 매장의례」, 『고대 동아시아의 금동신발과 금동관』, 국립나주문화재연구소·국립나주박물관.
현장자료집, 2021, 『해남 방산리 장고봉고분』, 마한문화연구원.

영산강유역 뚜껑접시와 함평 신덕 고분 출토품

칼럼 3

최경환

뚜껑접시의 정의

개배蓋杯 즉 뚜껑접시는 뚜껑과 접시로 구성된 배식기配食器의 일종이다. 백제·신라·가야 등 각지에서 나름의 개성을 보이며 제작되었다. 백제에서는 한성기인 5세기 전엽부터 뚜껑접시를 만들기 시작했다. 이러한 가장 이른 시기의 뚜껑접시는 풍납토성, 몽촌토성, 석촌동 고분군 등에서 발견된 바 있다. 이후 웅진기와 사비기까지도 식사나 장례를 위한 그릇으로 사용되었다. 뚜껑접시가 유행함에 따라 또 다른 백제 토기인 굽다리접시高杯의 사용례는 점차 줄어들어, 사비기에는 뚜껑접시가 굽다리접시를 거의 대체하였다. 이는 식탁이나 반상 문화가 보편화되어 더 이상 다리가 높은 그릇이 필요하지 않았음을 의미한다박순발 2006.

뚜껑접시가 무덤의 부장품으로 각광 받기 시작한 것은 5세기 후반 금강유역 돌덧널무덤石槨墓 단계부터이다. 마찬가지로 5~6세기에 해당하는 광주·전남의 독널무덤甕棺墓 및 굴식 돌방무덤橫穴式石室墓의 부장품으로도 유행하였다김종만 2007. 뚜껑접시는 동시에 광주·전남의 마을과 가마터 유적에서도 쉽게 찾아볼 수 있어서, 장례용품이자 생활용품이었으며 현지에서 널리 제작했던 기종임을 알 수 있다. 아래에서는 많은 연구 성과가 축적된 영산강유역의 자료를 바탕으로 광주·전남의 뚜껑접시에 대하여 소개하고 함평 신덕 고분 출토 뚜껑접시를 살피겠다.

영산강유역 뚜껑접시의 계통

영산강유역 뚜껑접시를 해석하는 관점으로는 크게 두 가지가 있다. 백제 뚜껑접시의 지역 양식으로 간주하거나, 아니면 백제의 영향을 받았지만 기본적으로는 지역 자체로 제작 및 변화한 것으로 보는 입장이다. 여기에 스에키須惠器 또는 스에키계 뚜껑접시의 형태와 제작기술도 더해졌다고 이해한다. 어느 쪽이든 6세기 중엽 이후에는 백제 중앙의 뚜껑접시 양식으로 일원화되었다는 점에는 동의한다. 뚜껑접시 자체의 형식학적 비교 및 편년을 바탕으로 백제 중앙과 영산강유역의 정치적 역학관계를 설명하기도 한다.

박순발1998은 백제 권역 전체의 뚜껑접시를 지역별로 분류하고 영산강유역의 뚜껑접시는 백제 한성기~웅진기 뚜껑접시와 계통적으로 관련있다고 보았다. 김종만2002은 영산강유역 뚜껑접시가 금강유역 뚜껑접시의 변화상과 연동된다고 지적했다. 서현주2006는 백제 중앙과 영산강유역의 관계 속에서 성립된 백제 양식 중 하나로 보았다. 김낙중2012은 6세기 중엽까지 영산강유역의 뚜껑접시가 백제, 왜 스에키, 자체 양식 등 다양하다는 점을 들어 백제 양식보다는 영산강유역 현지 양식임을 강조했다. 영산강유역 뚜껑접시의 제작과 확산을 주도한 세력과 관련하여 김낙중이 나주 복암리유적 등 영산강 중류 세력을 독자성이 강한 집단으로 묘사했다면 서현주는 그곳이 백제 중앙의 교두보였음을 강조하였다. 오동선2016은 나주 복암리 3호분 내 여러 무덤들의 선후 관계를 바탕으로 뚜껑접시 형식의 변화 단계를 정리했다. 영산강유역의 뚜껑접시는 서울 풍납토성의 돌대완과 유사한 형식으로 5세기 중엽경 등장하였으며, 5세기 중후엽경에는 일본과의 교류 속에서 스에키 뚜껑접시와 비슷한 파도 모양 아가리를 가진 뚜껑접시를 자체 생산하였다고 했다. 또 영산강 중하류에서 먼저 현지 양식의 뚜껑접시가 유행하고, 상류에서는 그 다음 단계에서 스에키계 뚜껑접시가 나타난다는 점을 지적하고 서현주의 설명백제의 교두보과 김낙중의 설명독자 세력 모두 가능성이 있다고 하였다. 홍보식2021은 뚜껑접시의 역연대 수립에 스에키계가 아닌 신라·가야 토기를 참고하였다. 영산강유역 중하류에서 뚜껑접시는 5세기 중엽에 시작되었고, 5세기말부터 6세기 중엽까지 백제계나 스에키계 등 여러 가지 형식으로 생산과 소비가 활발하였으며, 6세기 3/4분기부터 백제 중앙양식과 거의 같은 종류가 사용되었다고 보았다. 오구리 아키히코小栗明彦 2000는 영산강유역 나주 신촌리 9호분 출토 뚜껑접시를 일본 스에키TK216~TK10 古단계의 형태나 크기를 비교하여 5단계의 변천상을 제시하였다. 사카이 키요지酒井淸治는 나주 일대 출토 뚜껑접시를 와질계·나주계·백제계·스에키계로 나누고 가마 안에 쌓고 굽는 방법에 차이가 있었음을 설명했다. 나주계의 태토에는 많은 철분이 포함되어 색조가 암청회색을 띄고 겉에 선 모양의 그을음 자국火襷이 있다. 짚이나 식물로 감싼 뚜껑과 배를 뒤집어 번갈아 쌓아 번조해서 남은 흔적이다. 반면 백제계는 회백색이며 접시에 뚜껑을 덮어 소성해서 그런 자국이 없다는 점을 지적했다酒井淸治, 2004.

영산강유역 뚜껑접시의 형태 변화

접시보다는 뚜껑의 형태 변화가 뚜껑접시의 시간성을 더 잘 반영하기 때문에 대부분의 연구자들이 뚜껑을 중심으로 뚜껑접시의 형식과 편년을 검토하였다. 뚜껑의 몸체는 시간이 지날수록 납작해졌기 때문에 가장 유효한 속성이다. 또 몸체를 제외한 아가리의 길이, 아가리 끝의 뭉툭하거나 뾰족한 정도, 아가리가 안으로 좁아지거나 밖으로 벌어지거나 또는 'S'자로 휘는 모습도 형식 분류에 중요한 요소이다. 이영철2001은 영산강유역 뚜껑접시를 시기 차이가 있는 3가지 형식으로 분류하였다. 대체로 뚜껑과 접시의 상하면이 편평한 것에서 둥근 것을 거쳐 납작하게 변한다고 보았다. 이러한 형식 변천에 대해서는 모든 연구자가 동의한다.

여러 형식분류안 중에서도 비교적 포괄적이고 다른 연구자의 분류안과 비교하기 쉬운 서현주2006의 안에 김낙중·오동선·사카이 키요지酒井淸治의 안을 접목하여 표1로 정리하였다. 서현주 안의 A형은 사발 형태에 가까우며 아가리가 뭉툭한 접시가 대부분이다. 접시 바닥은 넓은 평면이다. B형에는 뚜껑과 접시를 모두 갖춘 사례가 많다. 뚜껑과 접시는 오목하지만 아가리 끝은 뭉툭하다. 드림부 지름이나 아가리 지름도 큰 편이다. C형은 뚜껑과 접시가 모두 오목하며 아가리 끝이 뾰족하다. C형은 A형과 B형에 비해 단단하고 D형에 비해 두껍다. C형 중 뚜껑과 접시의 위아래 면에 편평한 면이 비교적 확실히 있는 것은 a형, 넓은 평면이 있으면서 상대적으로 몸체의 높이가 낮은 것은 b형, 둥근 것은 c형이다. D형은 뚜껑과 접시의 위아래가 둥글고 아가리는 안쪽으로 약간 오므리든 형식이다. 다른 형식에 비해 두께가 얇고 일정하다. 겉면은 물손질 외에 깎는 방법으로 정리하기도 했다. E형은 백제 사비기 개배와 거의 같은 형식으로서 뚜껑과 접시가 납작해서 둘을 포갠 상태의 높이가 3cm 이하이며 두꺼운 편이다. 뭉툭한 아가리가 많다. 이와 별도로 스에키계와 가야계 뚜껑접시도 있다. 스에키계 뚜껑접시는 두께가 얇고 겉면에 회전시켜가며 깎아낸 자국이 역력하다. 가야계 뚜껑접시는 뚜껑 윗면에 점줄무늬點列文를 새기거나 단추 모양 또는 모자 모양의 꼭지가 달려있는 것이다.

뚜껑접시 각 형식의 시간적 위치는 다음과 같다. A형은 서울 몽촌토성과 청주 신봉동 고분군 출토품과 비교하여 5세기 전엽 무렵으로 보았다. B형은 일본 스에무라陶邑 TK23단계의 스에키계 토기가 출토되어 5세기 후엽으로 보았다. C형은 광주 월계동 1호 장고분, 치평동 유적, 쌍암동 고분, 담양 제월리 고분 등 넓은 출토 범위와 시간폭을 가졌는데, B형 및 D형과의 계기성을 감안하여 5세기 후엽으로 볼 수 있다. D형은 공주 정지산 유적 출토품을 표지로 삼아 5세기 말에서 6세기 전반경에 나타나기 시작한 것으로 이해했다. E형은 스에무라 MT15단계 스에키계 구멍단지, 광주 명화동 고분 출토 가야계 모자 모양 꼭지 뚜껑 등을 바탕으로 6세기 중엽으로 추정했다.

함평 신덕 고분 출토 뚜껑접시의 형식과 시간적 위치

함평 신덕 고분은 남북 방향으로 놓인 2기의 고분이다. 남쪽에 있는 1호분은 장고형 고분이며 북쪽의 2호분은 원형 고분이다. 그중 1호분의 후원부에는 굴식돌방무덤이 설치되었다. 서쪽을 향해 놓인 1호분 굴식돌방무덤의 널길羨道과 무덤 출입구에서 다량의 뚜껑접시를 수습하였다. 뚜껑접시는 널길 바닥의 동서 100cm, 남북 90cm 범위 안에 무더기로 놓여 있었다. 최대 5단까지 쌓여 있었으며 대부분은 중첩되어 있었다. 하지만 뚜껑과 접시가 짝을 이뤄 포개진 것은 많지 않았다. 출토된 뚜껑접시는 총 113점이며, 그중 뚜껑이 56점보고서 번호 151~206, 접시가 57점보고서 번호 207~263이었다. 뚜껑접시가 출토된 위치를 감안하면 무덤 폐쇄돌 앞에서 치른 의례에 쓰였던 음식 그릇으로 볼 수 있다.

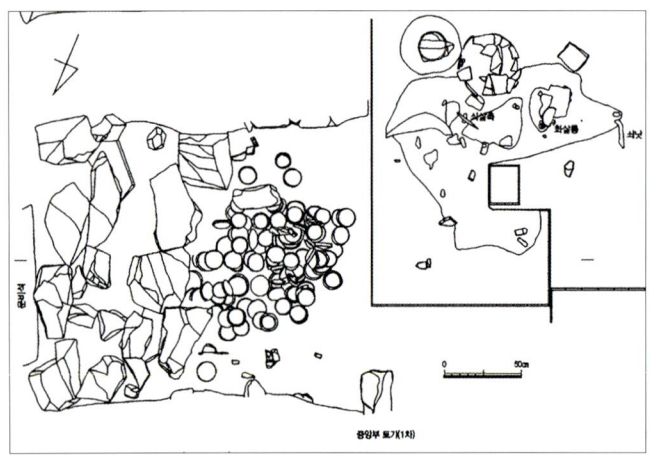

도면1 함평 신덕 고분 1호분 널길 뚜껑접시 출토 상황

사진1 함평 신덕 고분 1호분 널길 뚜껑접시 출토 상황

서현주 안(2006)					酒井淸治 안(2004)	김낙중 안(2012)	오동선 안(2016)	도면	편년
전체 형태	아가리 형태	뚜껑과 접시 윗면·아랫면의 형태	선 모양의 불 탄 자국	형식					
사발 형태에 가까움	아가리가 짧음	편평면이 넓음	있음?	A형	와질계	시종형	돌대완		5C 전엽 이후
뚜껑과 접시가 오목하여 깊음	아가리가 뭉툭함	편평면이 있고 몸체가 높음	있음?	Ba형	나주계·스에키(須惠器)계	반남형	A1식ㄱ1식		5C 후엽 이후
		편평면이 넓고 몸체는 낮음	있음?	Bb형			A2식ㄱ1식		5C 후엽 이후
	아가리가 뾰족함	편평면이 있고 몸체가 높음	있음	Ca형			A1식ㄱ2식		5C 후엽 이후
		편평면이 넓고 몸체는 낮음	있음	Cb형			A2식ㄱ2식		5C 후엽 이후
		둥글지만 가운데가 약간 편평하고 몸체는 낮음	없음?	Cc1형					5C 후엽 이후
		둥굶	없음?	Cc2형			B1식ㄱ2식·B1식ㄴ2식		5C 후엽 이후
	아가리가 안쪽으로 기울어짐	둥굶	없음	D형	백제계	당가형	백제식, B1ㄷ식		5C말~6C전 이후
뚜껑과 접시가 납작하여 얕음	아가리가 짧음	몸체가 아주 낮음	없음	E형		백제형	C2식		6C중 이후

표1 영산강유역 뚜껑접시의 형식 비교

신덕 고분 출토 뚜껑의 형식을 서현주 분류안2006에 따라 정리하면 크게 2종류로 나눌 수 있는데 즉 C형과 D형이다. C형의 특징은 뚜껑 몸체의 윗면이 납작하고 아가리 끝은 뾰족다는 점이다. 또 뚜껑 상당수의 겉면에선 모양의 그을음 자국이 남아있다. 나주형酒井淸治 2004, 반남형김낙중 2012, A식오동선 2016으로 분류되곤 하는 영산강유역 특유의 형식이다. C형은 다시 뚜껑 몸체의 높이와 납작한 면의 면적에 따라 세분된다. 신덕 고분의 뚜껑은 편평한 면이 좁거나 거의 둥글며 몸체의 높이도 비교적 낮은 편이어서 Cc형에 해당한다. Cc형 뚜껑의 두께는 후술할 D형식 뚜껑에 비해 두껍다. 수직적으로 떨어지거나 바깥으로 벌어진 아가리가 대부분이고 그 끝부분은 뾰족한 편이다. 한옥민2021, 124~126쪽은 이 형식에 대해 뚜껑의 높이를 기준으로 4cm 이상인 것과 3~4cm 사이인 것의 두 가지로 더 세분하였다. 이 형식은 5세기 후엽 이후 제작된 것으로 보인다.

D형은 C형에 비해 색조가 밝고 뚜껑이 더 납작하다. 연구자에 따라 백제계酒井淸治 2004, 당가형김낙중 2012, B1ㄷ식오동선 2016으로 소개되었던 형식이다. 뚜껑의 윗면이 평탄한 부분 없이 둥글다. 뚜껑의 두께는 C형에 비해 얇다. 아가리는 'S'자 또는 파도 모양으로 꺾여 있는 게 많으며 끝 부분은 날카롭다. 선 모양의 그을음 흔적이 없으며 비교적 색조가 밝다. 또 형태를 조정하기 위하여 겉면을 깎아낸 흔적이 남아있다. 대부분의 연구자들은 형식의 시간적 위치에 대해 공주 정지산 출토 D형 뚜껑접시를 근거로 무령왕의 사망 전후인 5세기 말~6세기 전엽 이후에 자리 잡은 형식으로 보고 있다.

함평 신덕 고분에서는 두 가지 형식 이상의 뚜껑접시가 출토되었다. 5세기 후엽~6세기 전엽은 가장 다양한 계통과 형식의 뚜껑접시가 공존하고 제작 및 유통되었던 시기이며, 점차 백제 중앙 양식과 동질화되어 가는 과정이었음을 확인할 수 있었다. 뚜껑접시와 고분의 시간적 위치는 서로 일치하고 있기 때문에 장례 당시 함께 부장된 기물임은 확실하다. 또 영산강유역의 돌방무덤 장례 때 이루어졌던 폐쇄석 앞 의례 행위를 가장 잘 보여주는 중요한 자료로 평가할 수 있다.

형식	사진	도면	보고서 번호	시간적 위치
Cc형			151, 152, 153, 158, 160, 179, 181 등	5C 후엽 이후
D형			154, 155, 156, 157, 159, 161, 162 등	5C 말~6C 전엽 이후

표2 함평 신덕 고분 출토 뚜껑접시의 형식과 시간적 위치(서현주 2006 참조)

참고문헌

김낙중, 2012, 「토기를 통해 본 고대 영산강유역 사회와 백제의 관계」, 『湖南考古學報』42, 湖南考古學會.
김종만, 2007, 『백제토기의 신연구』, 서경문화사.
박순발, 1998, 「4~6세기 영산강유역의 동향」, 『百濟史上의 戰爭』 제9회 百濟研究 國際學術大會, 忠南大學校百濟研究所.
_____, 2006, 『백제토기 탐구』, 주류성.
徐賢珠, 2006, 「榮山江流域 蓋杯의 展開 樣相과 周邊地域과의 關係」, 『先史와 古代』24, 韓國古代學會.
成正鏞, 2005, 「錦江流域 原三國時代 土器 樣相에 대하여」, 『원삼국시대 문화의 지역성과 변동』, 제29회 한국고고학전국대회 발표요지문, 韓國考古學會.
小栗明彦, 2000, 「全南地方 出土 埴輪의 意味」, 『百濟研究』32, 忠南大學校百濟研究所.
오동선, 2016, 「榮山江流域圈 蓋杯의 등장과 變遷過程」, 『韓國考古學報』98, 韓國考古學會.
李映澈, 2001, 「榮山江流域 甕棺古墳社會의 構造 研究」, 慶北大學校 碩士學位論文.
酒井淸治, 2004, 「5·6세기 토기에서 본 羅州勢力」, 『百濟研究』39, 忠南大學校百濟研究所.
한옥민, 2021, 「함평 신덕 1호분 출토 개배류 검토」, 『함평 예덕리 신덕고분』, 국립광주박물관.
홍보식, 2021, 「삼국시대 영산강 중·하류지역의 토기 편년 –개배의 뚜껑을 대상으로-」, 『湖南考古學報』67, 湖南考古學會.

02 죽음과 삶, 기억의 공간

돌방 속 고인에 대한 예우

나무널

돌방의 입구에서 바라본 바닥에서 왼쪽 장벽으로 치우친 곳에 동-서 방향의 관대를 마련하였다. 대부분 도굴되어 위치가 정확하지는 않지만 관대 위에 나무널은 거의 제자리를 차지하고 있는 듯하다. 그러나 약간 북쪽으로 틀어져 있는 것은 아마도 빗물이 현실 안에 들어차고 빠지면서 나무널이 일부 움직였을 것으로 추정된다. 또 일부 잔편들이 빗물 속에 떠다니다가 바닥에서 70~122cm 정도 높이의 벽석 사이에서도 확인하였다.

나무널의 크기는 길이 128~170cm, 너비 13~34cm 정도로 파악되며 수종을 분석한 결과 금송으로 확인되었다.

나무널 조각

13

나무널 조각
木棺片
Wooden Coffin

길이 54.0~167.1cm

나무널 출토상태

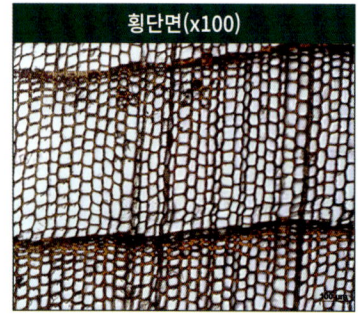

횡단면(x100)

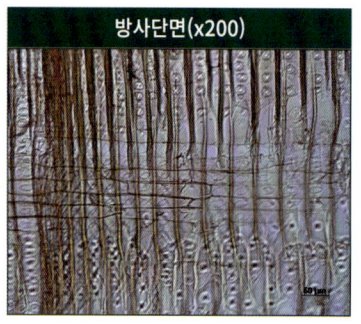

방사단면(x200)

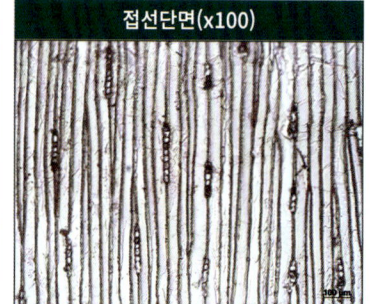

접선단면(x100)

금송金松으로 판별

나무 수종분석

널고리와 널못

쇠로 만든 널고리는 돌방에서 관대 위와 그 주변에서 확인되었다. 둥근 고리와 고리못, 좌판으로 구성되는데 일부 고리못과 좌판이 없거나 고리가 없는 경우도 있다. 고리못은 둥근 고리를 감싼 형태로 나무널에 박아넣은 후 양쪽으로 벌려 널 안쪽에 고정시켰다. 널고리는 총 8점이 확인되었고 고리못에 목질흔이 남아 있다. 널고리는 나무널의 장측판에 각 3개씩, 단측판에 각 1개씩 조합되었을 것으로 보인다.

14

널고리
棺環
Coffin Rings

지름 7.9~9.7cm

15

널못
棺釘
Coffin Nails

길이(왼쪽 위) 5.6cm

16

은장식 널못
銀裝飾方頭釘
Gilt-Silver Coffin Nails

길이(왼쪽 아래) 6.3cm

칼럼 4

무덤 속 마지막 죽음을 꾸미는 방, 나무널

김현희

차가운 돌방 속 또 다른 죽음의 방, 나무널

돌방 속에 놓인 네모난 나무널木棺은 유기물질인 탓에 남아있는 경우가 매우 드물지만, 간혹 남아있는 경우에는 나무 종류를 알 수 있다. 또 나무널에 남아있는 널고리와 널못은 금속으로 만들었기 때문에 상대적으로 잘 남아 있다. 이러한 자료를 잘 분석하면 나무널의 형태나 구조, 조립할 때 사용한 널못의 종류, 널고리의 용도가 실제 나무널을 옮길 때 쓰인 실용적인 손잡이였는지, 아니면 단순히 장식용이었는지에 대한 정보도 추정할 수 있다.

이전 시기의 나무널은 통나무를 반으로 잘라 속을 파낸 후 그대로 널로 이용하거나 판재로 잘라 반듯한 널로 만들기도 했다. 물론 이때 널의 조립에 쇠못을 사용하지 않았기 때문에 나무널 자체가 남아있지 않는 경우에는 나무널 조립과 구조를 파악하기 힘들었다. 그러나 삼국시대 이후 판재를 꺾쇠나 쇠못으로 고정하여 조립하였기 때문에 수량이나 종류, 못의 길이, 못에 남아있는 나무흔적의 결 등으로 어느 부분에 사용했는지를 추정할 수 있게 되었다. 또한 나무의 종류, 널고리나 널못의 재질이나 장식성 등을 고려하면 나무널에 묻힌 죽은 자의 위계에 대한 정보도 알 수 있다.

이러한 나무널 조립에 필요한 부속구 외에 무령왕릉에서 확인된 시상屍床으로 사용되었을 것으로 보이는 6매의 나무판도 있다. 이러한 시상은 채협총2세기말~3세기 초 전축분 모방 목곽묘, 나주 신촌리 9호분 계관에서도 확인된다. 최근 무령왕릉 50주년 발굴조사 기념 학술대회에서 무령왕릉의 나무널은 바닥이 없는 구조일 가능성이 제기김규동 2021되었다. 짧은 시간에 무너진 상태와 바닥판의 존재를 확인할 수 없고 시상 위의 부패흔적 등이 전혀 확인되지 않는 점, 왕비의 시상이 온전한 점, 1,279점의 널못 중 바닥판에 사용되었을 못이 확인되지 않는 점, 널길 길이가 나무널의 내부 크기와 거의 같아서 뚜껑이 열린 나무널 내부에 시상을 놓기 어려운 점 등을 들어 나무널의 바닥판이 없었을 것이라고 추정하였다. 따라서 나무널은 각 자재를 돌방 내부로 가지고 들어와 시상에 끼우듯이 조립하여 만든 것이라고 하였다.

최상위층의 나무널은 그냥 나무를 판재로 만들어서 조립한 것이 아니라 특별한 안료를 칠한다. 무령왕릉이나 동하총의 나무널은 검은 옻칠을 했는데 특히 동하총의 옻칠 시료를 분석해보니 검정 안료와 골분을 섞어서 한 번 칠하고 그 위에 토회를 섞어 덧칠한 다음 다시 칠을 더 올렸다고 보았다. 부여 능산리 서고분군 2호에서 금박을 입힌 나무널 조각도 확인되었다.

기본적인 나무널의 형태는 긴 상자처럼 생겼지만 무령왕릉이나 쌍릉, 동하총의

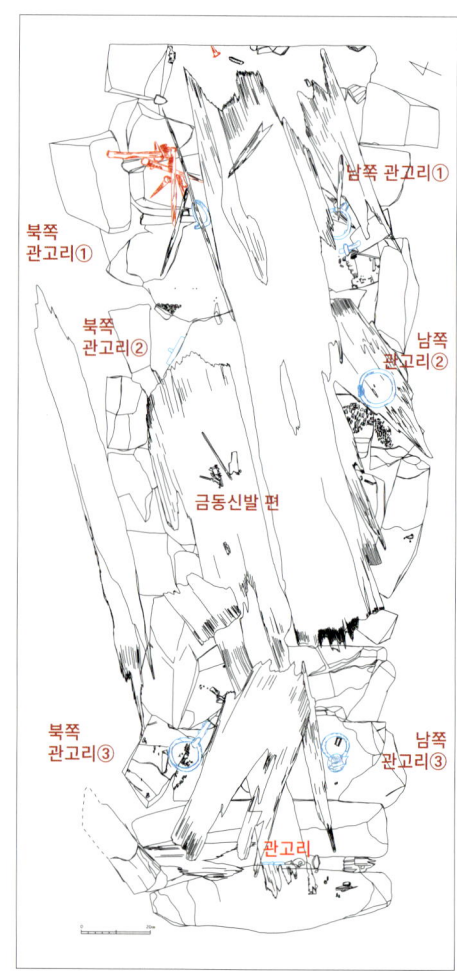

나무널과 널고리 및 널못 출토 위치

경우 나무널의 뚜껑을 둥글게 하거나 무령왕릉처럼 긴 판재를 3매왕비, 5매왕를 겹쳐서 약간 둥글게 만든 것도 있다. 아마도 나무널의 형태도 위계에 따른 구분이 가능하다고 본다.

특별한 나무, 금송 金松

무덤의 주인공은 돌방 안에 마련한 관대 위 나무널 속에 놓이게 된다. 주인공의 신분에 따라 나무널로 사용하는 나

널고리와 널못 출토상태

무를 구분하였다. 즉 높은 신분일수록 특별한 나무를 사용한다는 것이다. 백제지역에서 금송으로 만든 나무널은 신덕 고분 1호분, 공주 무령왕릉, 익산 쌍릉 대왕릉, 부여 능산리 동·서고분이 있으며, 나주 정촌고분 돌방에서 분석한 여러 나무 중에 금송이 있는 것으로 보아 금송으로 만든 나무널이 있었을 것으로 추정한다.

금송金松, Sciadopitys verticillate은 낙우송과 금송속인 참엽 교목으로 일본에서는 주로 고우야산高野山에서 많이 자란다. 일본 야요이시대부터 고훈시대에 이르기까지 금송으로 만든 나무널은 주로 위계가 높은 계층이 사용하였으며, 내수성과 내습성이 강한 특징 때문에 최근까지도 나무통이나 나무배의 재료로 사용했다고 한다. 금송으로 만든 무령왕릉의 나무널을 검토하면서 고대 일본 내에서도 긴끼近畿 지역을 중심으로 편백나무를 관리하는 전업집단이 있었던 것처럼 최고의 나무로 인정받던 금송도 엄격하게 공급과 관리를 규제하였을 것吉井秀夫 2001으로 파악하였다. 당시 백제와 왜일본와의 다양한 교류 속에서 오고가는 물품 중 금송이 포함되었을 것이며, 형태는 벌목 후 통나무 형태나 판재였을 것이라 보았다. 고대 일본과의 수많은 교역품 중에 금송 외에도 창녕 송현동 고분이나 김해 봉황동 나무배의 수종이 일본에서 주로 자생하는 녹나무였던 것과 비교해보면 선호하는 나무가 있었음을 알 수 있다. 호남지역의 나무널은 거의 장방형의 형태를 갖추고 있으나 창녕 송현동 7호분에서 확인한 나무널은 녹나무로 만든 기존의 배를 전용하여 널로 재사용했다는 점강동석 2006이 특이하다. 녹나무도 방제 효과가 있고 잘 썩지 않기 때문에 배를 만들 때 주로 사용되며 우리나라에서도 신안선의 현장지주, 진도 벽파리 통나무배 등의 사례가 있다.

앞서 말했던 것처럼 주로 백제 왕실과 관련있는 무덤에서는 주로 금송을 사용하였고 백제 중앙귀족급의 무덤에 해당하는 부여 능산리 능안골 고분에서는 비자나무를 사용하였다. 나무널은 주로 옻칠을 하고 금동이나 은으로 못머리를 장식한 널못이나 널고리, 금동장식판 등의 제작, 나무 자체의 입수와 건조, 가공 등의 제작 과정과 기간을 생각해보면 왜일본로부터 다양한 수입품과 함께 금송을 수입하는 관리 체계가 있었을 것이다. 공주 무령왕릉의 나무널은 약 300년 된 금송, 부여 동하총의 나무널은 무려 250년 된 금송으로 만들었다고 한다.

널못과 널고리로 꾸민 까닭은?

신덕 고분 1호 돌방에 남아있던 나무널은 일부만 남아 있어 그 형태를 짐작하기 어렵지만 나무널 주변에 남아있던 널못과 널고리의 출토상태와 종류, 수량, 길이, 나무결 방향 및 나무널의 형태가 추정 복원된 무령왕릉이나 부여 동하총의 나무널 등으로 비교하면 대략의 형태를 짐작할 수 있다.

기본적으로 최상위급의 나무널은 주로 금송으로 나무널을 판재로 조립하여 만든다. 가장 기본적인 긴 장방형의 형태지만 나무널의 뚜껑의 형태를 둥글게 만들기도 한다. 기본적으로 나무널을 그대로 사용하지 않고 여러 번 옻칠을 입혀 방습과 방충, 장식의 효과를 나타내었고 널못도 실제로 조립에 필요한 널못 외에 짧은 길이

의 못이나 못머리를 은이나 금동으로 장식하기도 하였다. 이러한 은이나 금동널못은 마치 요즘 신발의 표면에 징을 박아넣은 것처럼 화려하게 보이기 위함이다. 널의 가장자리를 금동판으로 돌려 장식하기도 하고 실제로 나무널을 옮기기 위해 필요한 손잡이로서의 널고리에도 꽃잎모양의 판을 덧대는 등 장식효과를 더하였다. 신덕 고분 1호 돌방의 나무널은 길이 128~170cm, 너비 13~34cm 정도의 나무널 조각과 널못에 남아있는 나무결 흔적 등으로 추정해 볼 때 대략 4.2~4.4cm 두께의 판재로 길이 220cm, 너비 45cm 정도였을 것으로 보인다. 총 8점의 널고리가 확인되었으나 다른 나무널과 비교해볼 때 대략 장측판에 각 3개, 단측판에 각 1개씩의 조합이었을 것으로 추정된다. 널못의 길이, 못머리의 형태와 장식은도금, 못에 남은 나무결의 방향과 잔존부위 등으로 검토해 보면 은도금한 방두형 널못 외에 구형또는 편원두형 널못과 원두형 널못 등으로 구분할 수 있다. 은도금 방두형 널못은 길이가 짧아 나무널의 표면 장식용으로 박았을 것으로 보인다. 특히 구형 널못의 형태는 둥글고 단면이 납작하기 때문에 힘을 주어 박아넣으면 거의 끝까지 박힐 수 있어 주로 나무널의 바닥에서 측판을 고정하는 용도로 사용되었을 것으로 추정하였다. 특히 이른 사비기에 해당하는 부여 능산리 능안골 4차 조사에서도 구형 널못이 확인되었고 공주 금학동 고분군에서도 방두형 널못과 구형 널못의 조합이 가장 많이 확인되었다. 이러한 조합은 신덕 고분의 출토 사례와 유사하다. 널못은 피장자를 넣는 나무널의 조립과 장식에만 사용되는 것이 아니라 나무널의 오른쪽인 동단벽과 남장벽 쪽에 또 다른 나무 상자또는 나무널가 있었을 것으로 추정되므로 이에 사용한 널못도 있었을 것으로 보인다. 최근 송산리 고분군의 나무널의 위계성을 검토한 자료강원표 2020를 보면 나무널의 부속금구 중 널못의 형태를 금장화형, 은장화형, 금장·은장방형, 은장반구형, 철제방형의 순서로 위계가 반영된다고 보았다. 나주 정촌 고분 돌방에서 확인한 널못 외에 조립용으로 꺽쇠도 있었으며 1호 돌방 나무널 3에서는 꺽쇠처럼 생긴 'ㄷ'자형 철제품을 널고리를 대신한 손잡이 고리로 보기도 하였다.

쇠로 만든 널못 외에 못 자체를 금동으로도 만든 부여 동하총의 금동 널못은 어떻게 박았을까? 쇠 널못은 바로 나무널에 박아넣을 수 있지만 금동 널못은 쇠로 만든 널못보다 약하기 때문에 나무에 미리 구멍을 뚫었던 흔적이 있는데, 불에 달군 쇠꼬챙이로 구멍을 내거나 도래송곳을 회전시켜 뚫는 방법으로 구멍을 내고 순동제못을 구멍에 고정시켰던 것으로 보인다.

널고리도 고리와 나무널 사이를 고정해주는 좌판의 형태와 재질에 따라 구분한다. 신덕 고분의 경우는 원형 좌판에 고리못을 구부리기 전에 고리를 연결하여 나무널에 박아넣고 고리못을 양갈래로 벌려서 고정하였다. 무령왕릉의 경우는 크기가 다른 8개의 꽃잎모양 좌판을 이중으로 해서 널고리를 만들었고 부여 동하총의 널고리는 8매의 꽃잎모양 좌판 하나만 사용하였다. 그러나 익산 쌍릉의 나무널처럼 널고리가 없는 경우도 있다. 쌍릉 나무널은 뚜껑을 둥글게 해서 앞뒤의 구분이 있도록 하였으며, 관고리가 없고 금동좌금구 2종과 관못 8종으로 조립과 장식에 사용하였다. 특히 바닥판 고정못은 단조로 만든 청동못을 사용하였고 수은아말감 기법으로 금동못머리를 만들었다.

참고문헌

강동석, 2006, 「한일 고분출토 목관의 비교」, 『문화재』제39호, 국립문화재연구소.
강원표, 2020, 「송산리고분군 출토 목관의 위계성 검토」, 『죽은자의 염원, 산 자의 기원-호서지역 무덤과 매장의례』제41회 호서고고학회 학술대회, 호서고고학회.
吉井秀夫, 2001, 「무령왕릉의 목관」, 『백제 사마왕』, 국립공주박물관.
김낙중, 2014, 「묘제와 목관을 통해 본 익산 쌍릉」, 『문화재』제 47권 1호, 국립문화재연구소.
임지나, 2021, 「장구를 통해 본 함평 신덕 1호분의 목관」, 『함평 예덕리 신덕고분』, 국립광주박물관.
김규동, 2021, 「백제 무령왕릉 상장례 제고-목관 안치 방식으로 본 매장 의례 복원-」, 『무령왕릉 발굴 50주년 기념학술대회, 무령왕릉을 다시 보다』, 한국고대사학회·국립공주박물관·공주대학교역사박물관·충청남도역사문화연구원.

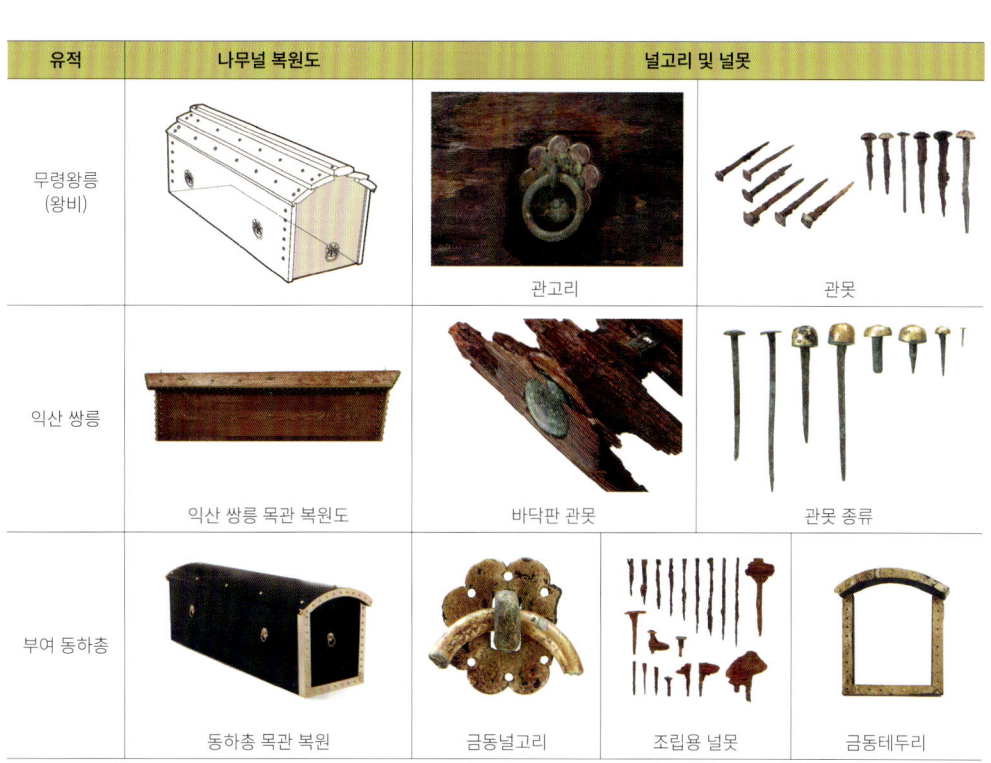

웅진 사비기 나무널 복원도와 부속구

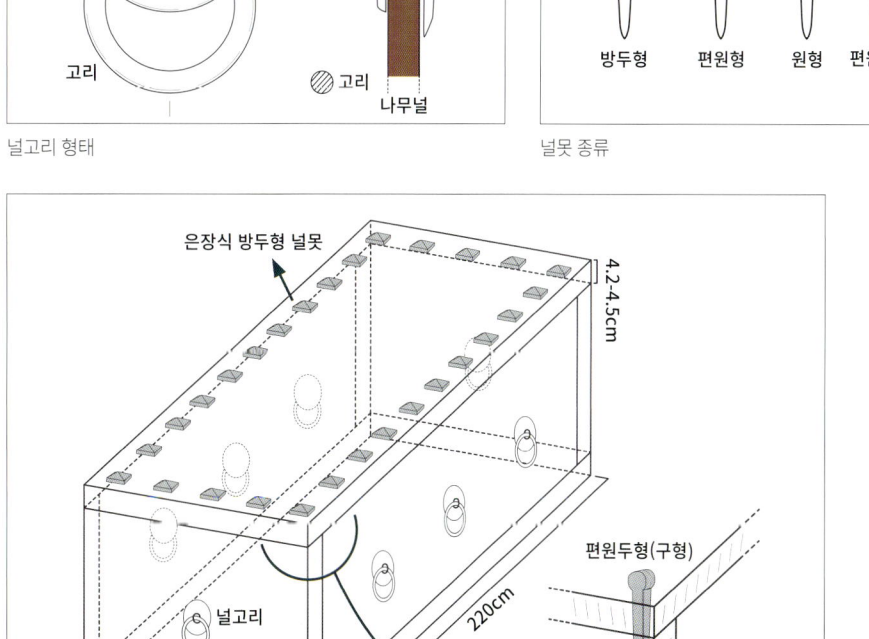

널고리 형태

널못 종류

나무널 모식도

02 죽음과 삶, 기억의 공간

죽음의 흔적에서 찾은 삶의 증거

신덕 1호 무덤의 돌방은 도굴로 심하게 훼손되었지만, 무덤에 묻힌 주인공의 머리뼈 조각과 치아 일부를 발견하였다. 머리뼈는 상태가 좋지 않아 방사선탄소연대 측정과 같은 과학적인 분석이 어려웠지만, 치아는 원래 형태가 남아 있어 분석으로 몇 가지 사실을 밝혀낼 수 있었다. 분석 결과, 치아는 어금니와 사랑니로 밝혀졌다. 그리고 무덤에 묻힌 주인공이 20대 후반~30대 중반의 성인 남자였으며, 왼쪽 치아가 더 심하게 마모된 것으로 보았을 때 왼쪽 치아를 주로 사용하여 음식을 씹었다는 것도 알 수 있었다. 이처럼 과학적 분석을 이용한다면 1,000년이 넘는 오랜 세월을 거친 죽은 자의 흔적에서도 당시 산 자의 자취를 찾아 볼 수 있다.

머리뼈 편과 치아

17

머리뼈 조각, 치아
頭蓋骨片·齒牙
Pieces of Skull and Tooth

너비(치아) 0.8~1.2cm

치아 세부

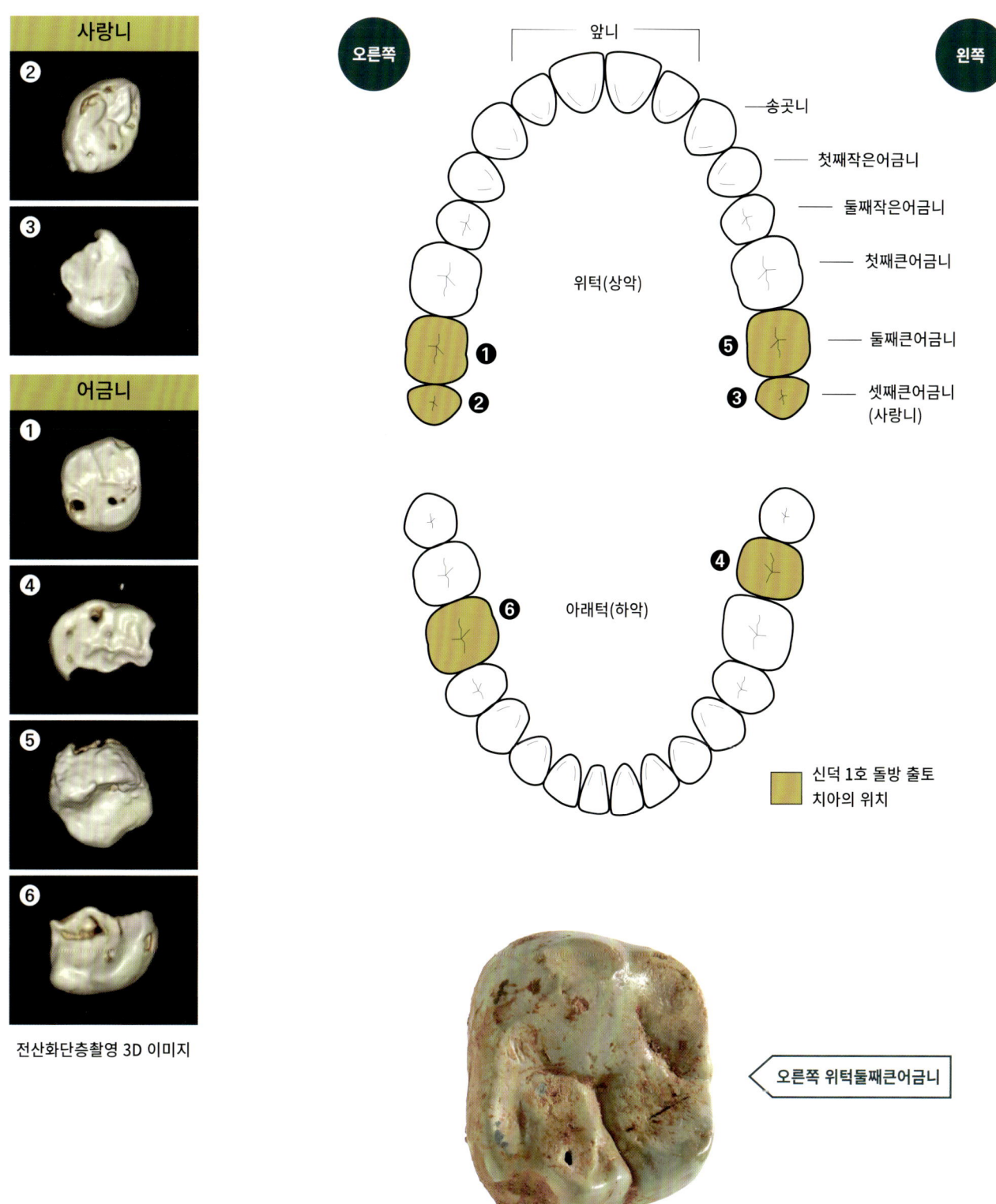

TIP
사람뼈 속 이야기

김현희

사람의 뼈는 206개의 뼈와 32개의 치아로 구성된다. 태어날때는 약 300개의 뼈가 있지만 성장을 거듭하면서 줄어들어 206개가 된다고 한다. 우리의 몸을 지탱하는 단단한 뼈가 우리 몸 속에서 사라진다는 것이다. 뼈 속에는 많은 정보가 담겨 있다. 현재의 나 자신뿐만 아니라 다양한 유적에서 확인되는 고인골古人骨로부터 얻을 수 있는 정보에 대해 알아보자. 나이와 성별을 기본으로 어떻게 생겼는지, 무엇을 먹었는지, 어디가 왜 아픈지 등에 대한 신체특징, 인구학적 특징, 성별 분업과 계층성, 유전적 관계, 노동과 생업활동, 습관과 건강상태, 음식물에 대한 정보, 출산 여부를 비롯하여 죽음의 원인, 매장 풍습과 의례에 대한 문화적인 정보까지 파악할 수 있는 정보기록소이다. 뼈에 담긴 정보는 기본적인 뼈의 형질분석에서 DNA분석, 콜라겐의 탄소·질소 안정성동위원소 분석을 통해 식생활 뿐만 아니라 당시 사람들의 이주나 교역, 동물의 경우 가축화문제까지도 규명할 수 있는 좋은 자료가 된다.

함평 신덕 고분 1호분에서 머리뼈 일부와 치아를 확인하였으나 잔존상태가 좋지 않아 머리의 형태나 얼굴을 복원하는 등의 작업은 힘들었다. 치아도 뿌리는 부패되었고 남아있는 치아 머리부분도 내부조직인 상아질이나 치수 등은 없고 외부 조직인 사기질만 남아 있었다. 남은 치아는 위턱 오른쪽둘째큰어금니, 위턱 오른쪽셋째큰어금니, 위턱 왼쪽셋째큰어금니, 아래턱 왼쪽둘째큰어금니, 위턱 왼쪽둘째큰어금니, 아래턱 오른쪽첫째큰어금니로 추정된다. 이렇게 남아있는 치아의 교모도* 를 이용하여 나이를 추정하였고 치아의 계측치로 성별을 추정한 결과 20대 후반~30대 중반의 남성으로 추정하였다. 육안 검사와 방사선사진검사에서 아래턱 왼쪽둘째큰어금니가 치아우식증충치이 조금 있는 정도이며 음식을 먹을 때 주로 왼쪽 치아를 사용했을 것으로 보인다.

실제 유적에서 유기물질인 뼈가 남아있는 경우는 드문 편이다. 영산강유역의 장고분에서 사람뼈가 실제로 확인된 사례는 함평 신덕 고분이 유일하며 담양 성월리 장고분 돌방 내 관대 위에서 사람뼈 흔적

1호 관대 남쪽 바닥 치아 출토상태

만 확인한 정도이다. 마한 백제권역에서 장고분 외에 독무넘이나 분구묘에서 사람뼈를 조사한 사례를 보면 나주 영동리 고분 1호 돌덧널무덤여성, 남성, 2호 돌방여성 2 남성 2 어린이 2, 3호 돌방여성 3, 어린이 1, 4호 돌방남성 1 여성 2 등에서 15개체분의 사람뼈를 확인하였고 그 중 4호 돌방 여성 중 한 명은 50대로 출산 경험이 없는 것으로 추정하였다. 나주 정촌고분 1호 돌방 1호 나무널40대 후반의 여성 2명, 3호 나무널의 금동신발에서 발뼈 조각과 검정파리과 유체를 통해 당시 기후와 무덤 주인공의 사망시점을 추정해보기도 하였다. 고창 봉덕리 고분의 금동신발 안에서도 발뼈 일부를 확인하였다.

부여 능산리 고분 36호여성, 40대 추정, 49호10세 전후, 어린아이, 53호서쪽 인골: 165cm전후 여성/동쪽 인골: 30~40세, 166~174cm 정도의 남자로 추정되는 사람뼈를 확인했으며 특히 어린아이와 남자의 경우 두개골에 종양의 일종인 골수종 흔적이 발견되기도 하였다. 최근 부여 응평리도성 외곽 거점 돌방 안에서도 두 사람분의 사람뼈머리뼈, 엉덩뼈, 다리뼈, 치아 등와 나무널, 금동제귀걸이, 널고리 등이 나왔으며 백제 귀족 무덤으로 추정하였다. 익산 쌍릉의 경우는 사람뼈 분석으로 기존의 논란의 정리하는 결과가 나왔다. 일제강점기 조사로 치아 4개 발견하고, 20세 전

후의 여성으로 추정하면서 무덤의 주인공에 대한 혼란을 가져왔으나 2017년 재발굴조사에서 돌방 끝부분에 놓여진 나무상자 속 사람뼈를 분석하였다. 100년 전 일제가 유물을 반출하면서 인골의 파편을 모아 넣어둔 나무상자 속 인골을 분석한 결과 7세기 전-중반에 죽은 남성 노년층으로 파악하고 평균 이상의 신장과 고칼로리성 식이에 따른 노인성 질환과 골절장애로 걷는 것이 어려웠을 것으로 보았다. 사람의 뼈 속에는 다양하고 정밀한 DNA 분석을 할 수 있는 정보가 담겨 있다. 완주 은하리 돌방에서 확인된 4개체 사람뼈의 형태적 분석으로 1호와 4호가 남성, 2호와 3호가 여성으로 보았다. 하나의 무덤 안에 4명의 사람을 묻었다는 것은 아마도 가족의 무덤으로 추정할 수 있기 때문에 그들의 친연관계를 들여다보기 위해 미토콘드리아 DNA 분석모계의 친연관계 분석을 실시하였다. 그 결과 남매의 부부가 묻힌 것으로 2호 여성과 4호 남성이 모계를 통한 혈연관계를 나타내었고 나머지 두 사람은 각각의 배우자였던 것이다.

사람의 뼈는 살아있을 때 무엇을 먹었는지도 가늠하게 해준다. 실제로 백제 돌방 무덤인 당진 우두리 1-6호 석축다장묘, 당진 우두리 돌방, 완주 은하리 돌방의 사람뼈의 안정동위원소를 분석한 결과, 벼와 맥류, 두류와 같은 C3 작물 중심의 잡곡을 주로 먹었으나 사회적 지위에 따라 동물성 단백질의 섭취에 있어 차이를 보였다. 당진 우두리유적에서 사회적 지위가 낮았던 사람들은 바다 어패류를 비롯한 동물성 단백질 섭취에 제한이 있었을 것으로 파악하였다. 그러나 사회적 지위가 높았던 완주 은하리 돌방의 주인공은 동물성 단백질 섭취가 적었던 것으로 확인되는 점으로 보아 반드시 지위에 따른 동물성 음식에 대한 접근성의 차이라기보다는 시역이나 당시 성황 등에 대한 세심한 분석이 함께 이루어져야 한다는 점도 일깨워준다.

무덤에서 확인되는 어린아이부터 노인까지의 다양한 개체는 사망 원인이나 음식 섭취, 당시의 형질적 특징에 대한 정보를 제공해준다. 심지어 태아나 신생아도 확인된다. 인천 운남동 조개무지의 토광묘에 묻힌 여성 곁에는 1살도 안된 아기뼈가 담긴 토기가 발견되었고 김해 유하리고분에서도 신생아로 추정되는 뼈가 조사되었다. 또 경산 조영 I-6호에 20-30대로 추정되는 여성 곁에 10개월 정도로 추정되는 태아의 뼈도 확인되는 등 출산 사고로 보이는 정황도 살펴볼 수 있는 중요한 자료를 제공해 준다.

* 교모도

음식을 씹는 과정에서 음식물 뿐만 아니라 치아의 교합면이나 절단면이 닳아지는 생리적 현상으로 나이가 들수록 교모도가 증가한다. 교모는 씹는 기능 음식물의 종류와 특성, 식습관(오른쪽과 왼쪽 중 어느쪽으로 음식을 씹는지), 교합과 치열 상태, 대합치 유무, 나이, 성별 등에 영향을 미친다.

참고도판

김재현, 2010, 「인골로 본 고대인의 매장의례와 친족관계」, 『6~7세기 영산강유역과 백제』, 국립나주문화재연구소.
국립김해박물관, 2015, 『뼈? 뼈! 고인골 개인의 삶에서 시대의 문화를 읽다』.
국립나주문화재연구소, 2017, 『나주 복암리 정촌고분』.
국립부여문화재연구소, 2019, 『대왕릉 출토 인골 종합학술연구보고서』.
신지영·이준정, 2014, 「석실묘 출토 인골의 안정동위원소 분석을 통해 본 백제시대 생계경제의 지역적·계층적 특징」, 호남고고학보 48집, 호남고고학회.
영남대학교박물관, 2020, 『고인골, 고대 압독사람들』.

03
무덤 속 비밀의 실마리

죽음이라는 낯설고도 친숙한 얼굴이
그림자를 덮어쓰듯이
금동관에서 금동신발까지 지니고 먼 길을 떠났다.

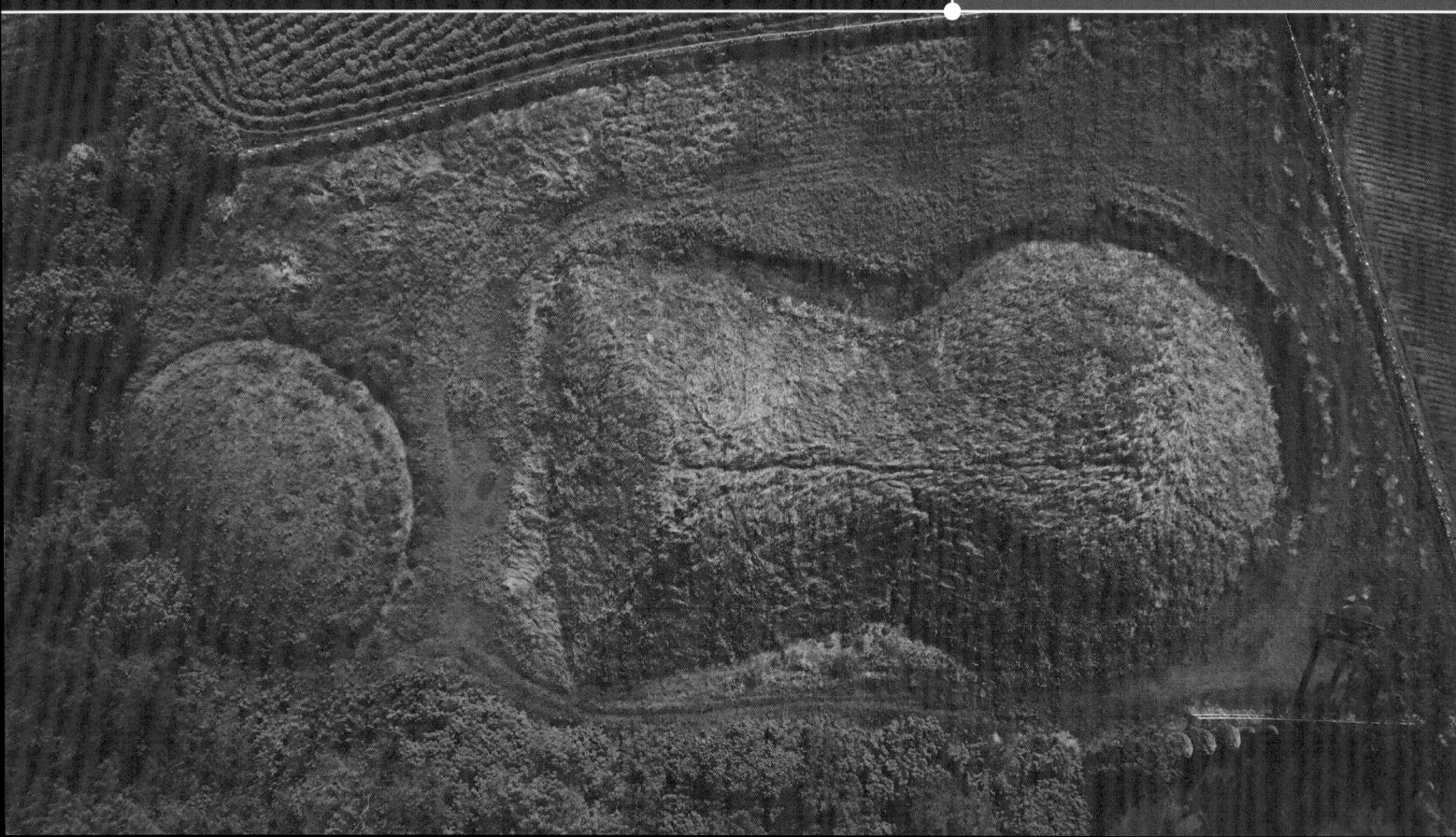

무덤은 죽은 사람의 안식을 위한 공간이자,
동시에 떠난 이가 생전에 살았던 모습이 그대로
반영된 또 다른 삶의 공간이다. 신덕 1호 무덤과
그곳에 함께 묻은 껴묻거리를 보면 무덤의
주인공이 어떤 삶을 살았는지를 떠올릴 수 있다.
1호 무덤의 형태와 돌방 안에서 출토된 유물의
특징을 살펴보면, 여러 주변 지역의 요소가
한데 섞인 듯한 양상을 보인다. 이는 무덤 속에
묻혔던 주인공이 개방적인 성향을 가지고 주변
지역과 활발하게 교류했음을 보여준다.

03 무덤 속 비밀의 실마리

위엄과 권위의 표상

금동제 장식품은 당시 공예 기술의 최정점을 보여주는 유물이다. 신덕 1호분 돌방의 나무널 위와 그 주변에서 금동관, 금동신발의 조각과 함께 금제귀걸이를 발견하였는데, 이는 당시 아무나 착용할 수 없는 최고급 장식품이다. 금동관의 표면에는 뾰족한 도구로 점을 찍어 무늬를 표현하는 타출打出기법을 사용하여 육각형의 무늬를 만들었고, 그 구획 안에 꽃을 형상화한 무늬를 새겼다. 꽃의 꽃술 부분에는 남색, 녹색의 작은 구슬을 고정하여 무늬를 더욱 돋보이게 만들었다. 관의 바깥 면에는 달개 장식瓔珞 혹은 步搖을 육각문의 모서리마다 달았고, 3개의 나뭇가지 모양 장식도 달았다. 이러한 형태는 일본에서 찾아 볼 수 있는 광대이산식 관廣帶二山式冠의 모습과 비슷하지만, 타출기법이나 육각문 등을 보면 백제의 장인이 금동장식품을 만드는 기술로 사용했다는 것을 알 수 있다. 금동신발은 남은 조각이 많지 않아 그 원형을 자세히 알 수 없지만, 금동관과 유사한 무늬를 가지고 있었음을 알 수 있다. 이런 화려한 장신구로 몸을 꾸민 무덤의 주인공은 강력한 권위를 가진 사람이었을 것이다.

금귀걸이

18

금귀걸이
金製耳飾
Gold Earrings

지름 2.3~2.5cm

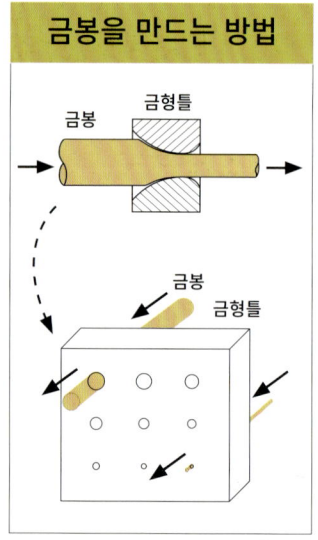

다양한 크기의 구멍이 있는 공구金型, Dies에 금봉을 크기별로 뽑아내면 점점 금봉이 얇아지면서 가는 선으로 만들 수 있다. 이렇게 잡아당겨서 뽑아내는 방법을 인발引拔, Drawing 가공법이라고 한다. 가늘게 뽑아낸 금봉을 자른 후 양쪽 끝을 집게로 잡고 둥글게 만든다. 신덕 1호 무덤의 금귀걸이의 안쪽을 보면 금찌꺼기같은 것이 덮혀있는데 이것은 금봉을 뽑아내고 난 후 남은 금찌꺼기를 떼어내지 않고 그대로 금귀걸이 안쪽에 덧붙였던 것으로 보인다. 성분 조성에 대한 분석 결과를 보면 금Au 86~90wt%, 은Ag 7.8~9.8wt%로 거의 22K에 해당한다.

금귀걸이의 안쪽에 금찌꺼기를 덧붙인 흔적

금귀걸이 끝부분의 집게로 잡은 흔적

금동관 조각과 금동신발 조각

19

금동관 조각
金銅冠片
Pieces of Gilt-bronze Crown

길이(입식, 왼쪽 위) 7.1cm

유리구슬 부착 세부(앞면)

금동관 뒷면 무늬 세부

20

금동신발 조각
金銅飾履片
Pieces of Gilt-bronze Shoes

길이(왼쪽 위) 8.3cm

칼럼 5

함평 신덕 1호분 출토 금동관으로 본 무덤 주인공의 성격

노형신

함평 신덕 1호 무덤 금동관의 관찰

금동관으로 추정되는 파편이 함평 신덕 1호분 돌방의 관대석 중앙부에 인접한 남·북쪽의 바닥면에서 산발적으로 출토되었다. 파편의 형태로 보았을 때 금동관의 대부帶部와 이에 부착된 입식立飾으로 추정되는데, 표면에 금박이 남아있는 편이 있어 금동제라는 것을 알 수 있다. 대부는 심하게 파손되었지만 가장 큰 편을 보았을 때 최대 높이는 10cm 정도로 판단된다. 남은 형태로 추정해 볼 때 대부가 2개의 산을 이루는 모양인 광대이산식 관廣帶二山式冠으로 추정한다. 문양은 타출기법으로 여러 개의 점을 연달아 찍어 선으로 표현하였다. 위쪽 가장자리와 아래쪽 가장자리를 따라 각각 1줄의 점열문을 시문하였고, 두 줄의 점열문 사이에는 육각문을 표현하였다. 대부에 시문된 육각문은 기본적으로 한 변이 상하에, 꼭짓점이 좌우에 위치하는 형태(◯)이다. 육각문 내부에는 꽃무늬가 표현되어 있는데 타출기법으로 꽃술花柱과 꽃잎花弁을 표현하였다. 꽃술은 중앙 점문과 그 주위를 감싸는 점원문을 금속판 안쪽에서 시문하였고, 여기에 5개의 점원문을 금속판 바깥쪽에서 시문하여 꽃잎을 묘사하였다. 꽃술 부분에는 남색이나 녹색의 유리구슬을 부착하였다. 대부의 가장자리에 시문된 점열문과 겹치게 2공 1조의 구멍이 뚫려있으며, 구멍에는 금속제 실이 확인된다. 녹색의 연주형유리구슬이 부착된 금속판도 확인되는데, 구슬을 금속판에 부착한 방법은 알 수 없다. 또한 직물 흔적이 있는 파편의 뒷쪽에 대부 뒤를 보강하기 위해 천을 고정했을 가능성도 존재한다.

달개 장식은 원형圓形과 물고기형魚形이 확인된다. 기본적으로 원형 장식은 육각문의 꼭짓점 6곳에 부착된다. 원형 장식을 매단 금속제 실을 꼭짓점에 뚫은 2개의 구멍에 통과시키고 안쪽에서 접어서 고정하였다. 물고기형 장식은 따로 떨어져서 수습되어 원래 부착된 위치를 확정하기 어렵다.

입식은 나무줄기로부터 가지가 좌우로 뻗어나가는 모양인데, 좌우가 대칭으로 제작되었다. 가장자리를 따라 점열문, 중앙에는 파상문을 시문하였고 남색 유리구슬과 원형 달개 장식을 부착하여 장식하였다. 꽃무늬가 시문된 대부편의 바깥에 입식으로 추정되는 편이 못으로 고정된 조각도 확인되어, 입식은 대부의 바깥 면에 고정되었다는 것을 알 수 있다.

추가로 문양 등 장식 요소가 대부 편의 것과 유사한 금동 조각도 확인할 수 있다. 하지만 시문된 육각문의 한 변이 좌우에, 꼭짓점이 상하에 위치하는 형태(◯)로, 대부와는 다른 특징을 보인다. 또 대부를 이루는 편에 비해 휘어진 정도가 심하다. 따라서 대부나 입식이 아닌 별도의 장식품이었을 것으로 보이는데, 이는 속발束髮, 묶은 머리을 덮어씌우는 반통형금구半筒形金具로 추정된다高田貫太 2021. 추가로 대부에는 못으로 고정된 별도의 금속판이 확인된다. 현재는 파손되었으나 원래 가로로 긴 한 매의 부품이 존재했을 것으로 보인다. 이 금속판에는 남색의 유리구슬이 부착되어있고 달개 장식을 부착하기 위한 2개의 구멍도 존재하는데, 이는 대부의 중앙을 장식하는 접형금구蝶形金具로 추정된다高田貫太 2021. 반통형금구와 접형금구는 왜일본의 광대이산식 관에서 확인할 수 있는 특징이다.

금동관의 특징을 통해 본 무덤 주인공의 성격

함평 신덕 1호 무덤에서 출토된 것과 유사한 광대이산식 관은 왜일본에서 6세기 무렵 등장하는 장식품이다. 이는 금동제품의 제작기술, 장식기법 등 새로운 기술을 한반도 남서부에서 도입하면서, 기존의 직물제 관과 미즈라美豆良, 일본 고훈시대 남자의 머리모양 장식품을 모방하여 일본에

신덕 1호 무덤 출토 금동관의 추정 복원도와 모식도

전시연출 모습

서 창출한 것으로 이해하고 있다森下章司 2010.

하지만 신덕 고분 출토 금동관의 문양과 장식은 백제권역에서 유래하는 것으로 보인다. 먼저 신덕 고분 출토 금동관은 다각형 구획과 꽃무늬가 조합되는 특징을 보이는데, 이러한 문양 조합은 공주 무령왕릉, 익산 입점리, 나주 복암리 3호분 96호 돌방에서 확인된 백제 금동신발의 문양에서 찾아볼 수 있다. 달개 장식의 경우, 나주 복암리 3호분 96호 돌방 출토 금동신발의 바닥에서 물고기 장식과 원형 장식이 달린 사례가 있고, 나주 신촌리 9호분 乙관 출토 금동관에서도 원형 달개 장식이 확인된다. 또한 일본 시가현 카모이나리야마鴨稻荷山 고분 출토 광대이산식 관의 입식에서도 물고기 모양 장식을 찾아 볼 수 있다.

이처럼 신덕 고분 출토 금동관의 형태나 문양, 제작기술은 백제와 왜에서 찾아 볼 수 있기 때문에 고분에 묻힌 주인공이 백제 및 왜와 밀접한 관계였다는 것을 증명한다. 특히 문양과 장식의 계보가 백제권역에 있어, 동일한 제작 기술을 가진 공인이 만든 광대이산식 관으로 보인다. 하지만 백제가 웅진으로 천도한 이후에 제작된 백제 금동 장식품의 양상은 자료의 한계로 인해 불분명하므로 신덕 고분 금동관의 제작지를 구체적으로 상정할 수는 없다.

백제 금동신발에서 확인되는 다각형 구획+꽃무늬

공주 무령왕릉(왕)   익산 입점리   나주 복암리 3호분 96호

함평 신덕 1호 무덤 출토 금동관과 유사한 달개 장식의 사례

나주 복암리 3호분 96호 돌방 출토 금동신발 바닥의 물고기 장식   나주 신촌리 9호분 乙관 출토 금동관의 달개 장식

참고문헌

高田 貫太, 2021, 「함평 신덕 1호분 출토 관, 식리에 대하여」, 『함평 예덕리 신덕고분』, 국립광주박물관.
森下章司, 2010, 「広帯二山式冠・半筒形金具の原型」, 『大手前大学史学研究所紀要』 8.

일본의 광대이산식 관과 반통형금구 森下章司 2010

1. 광대이산식 관　**2.** 광대이신식 관과 반통형금구 착장도　**3.** 반통형금구

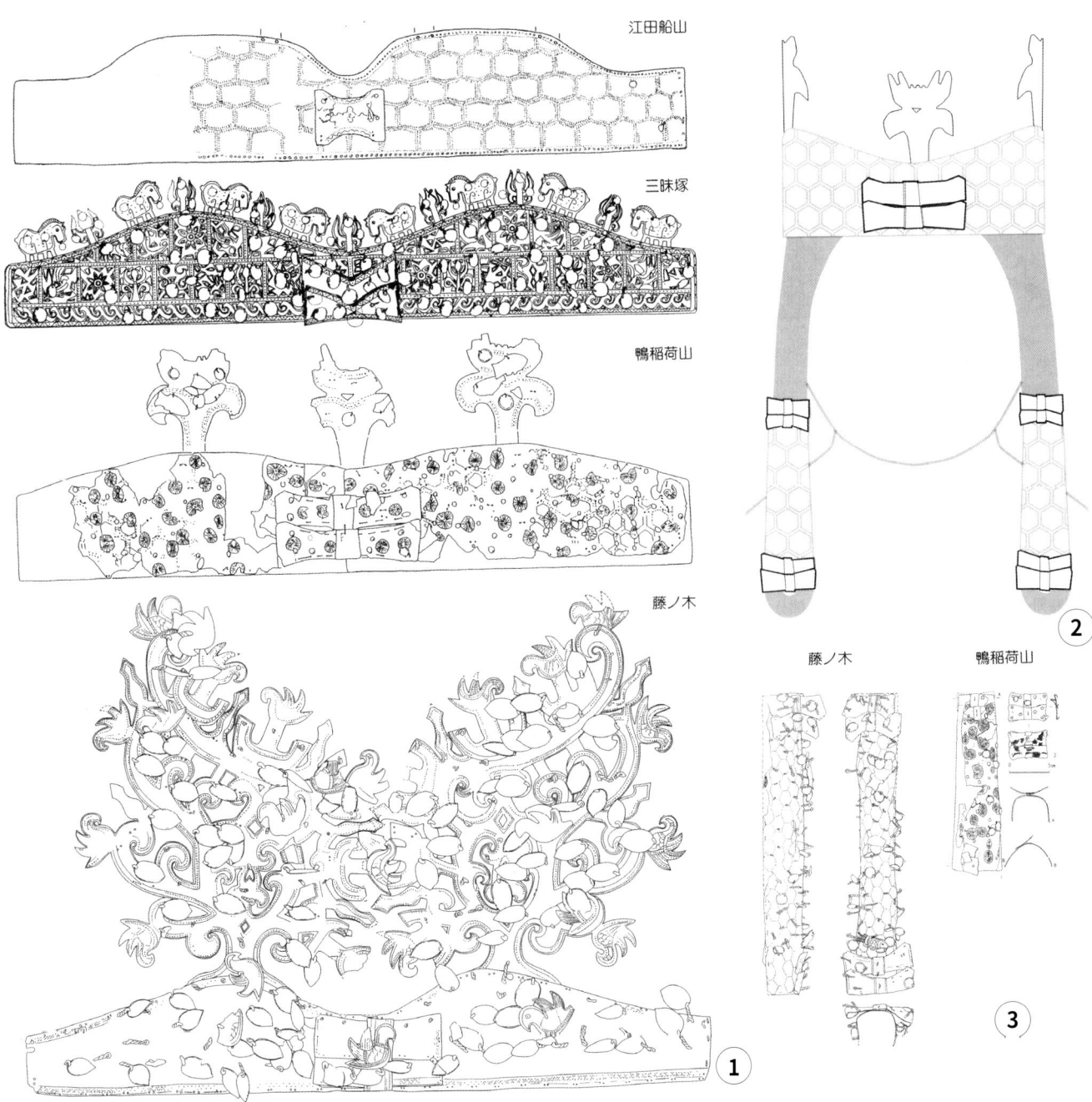

03 무덤 속 비밀의 실마리

색감의 향연, 유리구슬

고대인들은 화려한 장신구를 통해 자신의 지위와 권력을 뽐내었다. 신덕 1호분의 돌방에서는 주인공이 누운 자리 주변에서 다양한 종류의 구슬이 출토되었다. 이 구슬들은 서로 꿰어져서 무덤에 묻힌 주인공의 목과 가슴을 장식하였던 것으로 보인다. 구슬은 크게 광물 구슬과 유리구슬, 금속제 구슬로 구분된다. 초록색과 노란색의 유리를 겹치고 잇대어 화려하게 만든 연리문 구슬은 경주 황남대총 출토품과 제작방법이 같다. 두 겹의 유리 사이에 금박이나 은박을 넣어 만든 중층 유리구슬과, 호박 광물을 정교하게 다듬어 만든 다면옥, 내부가 텅 빈 은제 구슬은 백제의 왕릉이나 석탑의 사리함에서 출토되는 최고급 장신구이다. 이외에도 남색, 녹색, 흑색, 황색 등 형형색색의 유리구슬이 발견되었다. 이렇게 고대 세공기술의 정수를 보여주는 구슬들은 주인공이 얼마나 큰 권력을 지닌 존재였는지를 느끼게 한다.

곱은 옥과 호박 구슬

21

곱은 옥과 호박 구슬
琉璃曲玉·琥珀玉
Comma-shaped Glass Beads and Amber Beads

길이(곱은 옥, 왼쪽) 1.0cm

유리구슬

22

유리구슬
琉璃丸玉
Glass Beads

지름 0.1~0.2cm

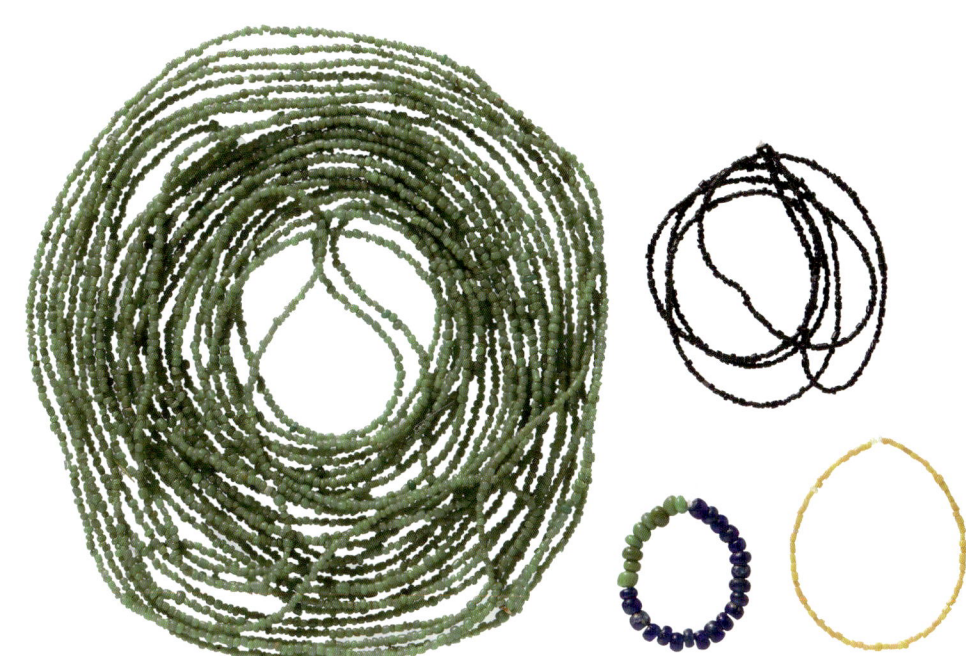

중층 유리구슬

23

중층 유리구슬
重層琉璃玉
Gold Foil in Glass Beads /
Layered-double Glass Beads

지름(가운데) 0.4cm

은빛

금빛

연리문 구슬

24

연리문 구슬
連理文琉璃玉
Glass Beads with Marbling Design

지름 0.3~1.2cm

속 빈 은구슬

25

속 빈 은구슬
中空銀製玉
Sliver Hollow Beads

지름 0.5cm

세부(합쳐지는 중간 부분)

칼럼 6

다양한 유통 경로의 정점, 유리구슬

김현희

투명하고 다채로운 유리의 색

유리는 불과 모래와 소다의 우연한 만남에서 탄생했다고 하지만 정확하게 밝혀지지 않았다. 유리는 주재료인 산화규소SiO_2, 실리카와 용융점을 낮추는 첨가제인 융제, 융제의 풍화를 막아주기 위한 안정제, 색을 결정하는 착색제로 구성된다. 따라서 유리는 융제의 화학조성에 따라 포타쉬유리Potash Glass와 소다유리Soda Glass로 구분한다. 우리나라에서 유리는 기원전 2세기 무렵 중국의 철기문화와 함께 들어왔다고 알려져 있으며 주로 납-바륨유리 계통이다. 기원전후에 포타쉬유리 계통주로 푸른색을 사용하다가 기원후 2세기에 소다유리푸른색, 노란색, 빨간색 등 다양한 색가 들어와 증가하면서 포타쉬유리는 감소하였다. 소다유리는 3~6세기까지 꾸준히 사용되었고 6세기 이후 백제와 신라의 사찰과 공방 중심으로 이전의 납-바륨유리와는 다른 계통의 납유리가 등장하였다. 이러한 유리 종류는 액체화로 만들기 위한 1,700℃ 이상의 높은 온도를 1,000℃ 정도로 낮추기 위해 첨가한 융제Flux의 종류에 따라 구분한다. 융제로는 식물의 재를 사용하다가 산화칼륨이나 산화나트륨을 사용하면서 포타쉬유리와 소다유리로 구분하였다.

- **포타쉬유리** Potash Glass
  녹는점을 낮추는 융제flux로 산화칼륨K_2O이 작용한 유리
- **소다유리** Soda Glass
  녹는점을 낮추는 융제flux로 산화나트륨Na_2O이 작용한 유리
  안정제Stabilizer의 함유량에 따라 High Alumina계, Natron계주로 이집트 지역의 천연 탄산나트륨, Plant Ash식물의 재계로 구분된다.
- **안정제** Stabilizer
  산화칼슘CaO, 산화알루미늄Al_2O_3, 산화철Fe_2O_3
- **착색제**
  무색투명안티몬Sb_2O_7, 이산화망간MnO_2, 푸른색산화코발트CoO, 산화구리CuO, 붉은색철이온Fe^{2+}, Fe^{3+}, 환원된 구리

사물의 유사성을 분석하다

신덕 고분에서 확인한 구슬류는 총 5,527점으로 유리로 만든 둥근 구슬丸玉, 곱은옥曲玉, 중층 구슬重層玉, 연리문구슬連理文玉이 있고 그 외 호박 구슬과 은으로 만든 속이 빈 구슬中空玉이 있다. 유리로 만든 둥근 구슬環玉이 제일 많으며 녹색, 남색, 황색, 흑색 등 다채로운 색상을 가지고 있다. 우리나라 둥근 구슬은 인도양과 태평양 연안에 분포한다는 고고지리학적 개념이 내포한 '인도-태평양 유리구슬Indo-Pacific Glass Beads'에 포함한다. 유리구슬을 만드는 기법은 기포의 방향성이나 결정성 입자, 풍화흔 등으로 감기 기법, 접기 기법, 주조 기법, 잡아늘이기또는 당겨끊기 기법 등으로 나뉘며 잡아늘이기 기법은 다시 라다 기법과 대롱불기 기법으로 구분한다. 신덕 고분의 둥근 구슬은 표면에 남아있는 불순물의 방향과 기포의 가로 방향성이 구슬 구멍과 일치하는 것으로 보아 잡아늘이기 기법으로 만들었다권오영·박준영 2020.

- **감기 기법** Winding Technique
  금속봉에 유리액을 둥근 띠처럼 감아 돌려서 만들고 감은 흔적 있음

- **접기 기법** Folding Technique
  금속봉에 유리판처럼 생긴 유리액을 맞붙게 만듦. 맞붙은 흔적 있음

- **거푸집 기법** Mold Technique
  구슬처럼 생긴 거푸집에 유리가루나 유리원료를 넣고 가열하다가 가운데 철심을 꽂아 구슬의 구멍을 만듦. 감기나 접기처럼 기포 방향이 없음

- **잡아늘이기 기법** Drawing Technique
  가마가 반드시 필요하지 않으며 화력과 숙련된 기술이 있으면 가능함.

  - **라다 기법** Lada Technique
    속이 빈 금속봉에 철심을 꽂고 금속봉 끝 주변에 유리액을 묻힌 다음 철심을 밀어내는 동시에 갈고리로 끝부분을 잡아 당기면서 늘어지게 함. 일정한 크기로 잘라 소의 배설물이나 재를 섞어 가열하면 날카롭게 잘려진 부분이 둥글게 되면서 구슬이 됨.

  - **대롱불기 기법** Blowing Technique
    속 빈 금속봉 끝에 유리액을 묻힌 후 입김을 불어넣어 공처럼 부풀린 후 양쪽을 잡아당겨 긴 관처럼 만들어서 일정한 크기로 잘라 사용함.

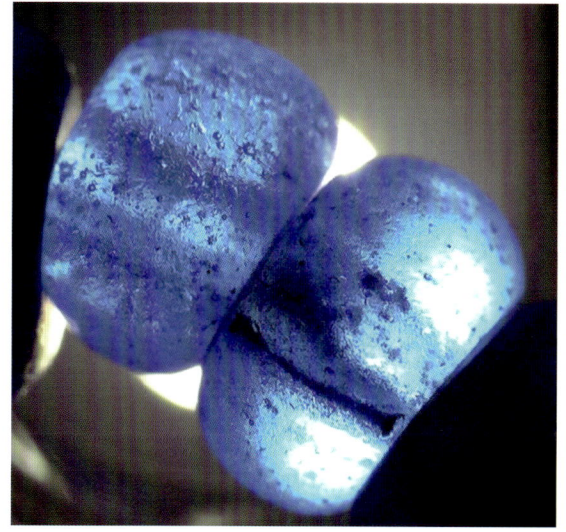

구슬 내부 기포의 가로 방향성(권오영, 박준영 2020)

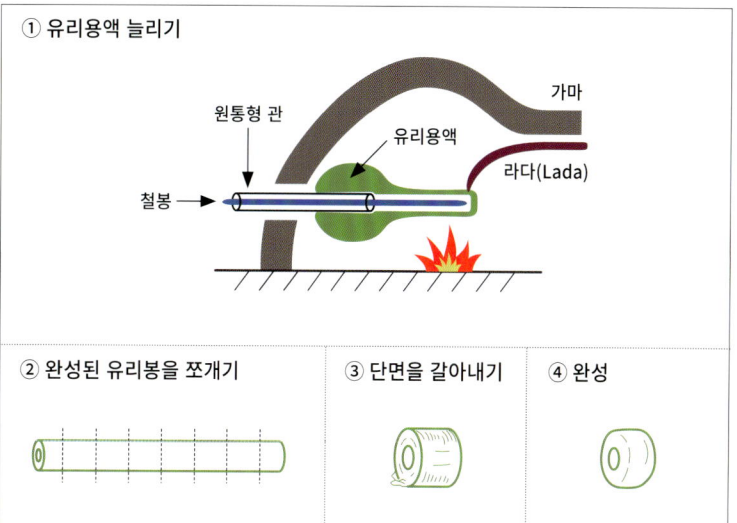

잡아늘이기 기법 중 라다 기법(경주박 2020 수정 게재)

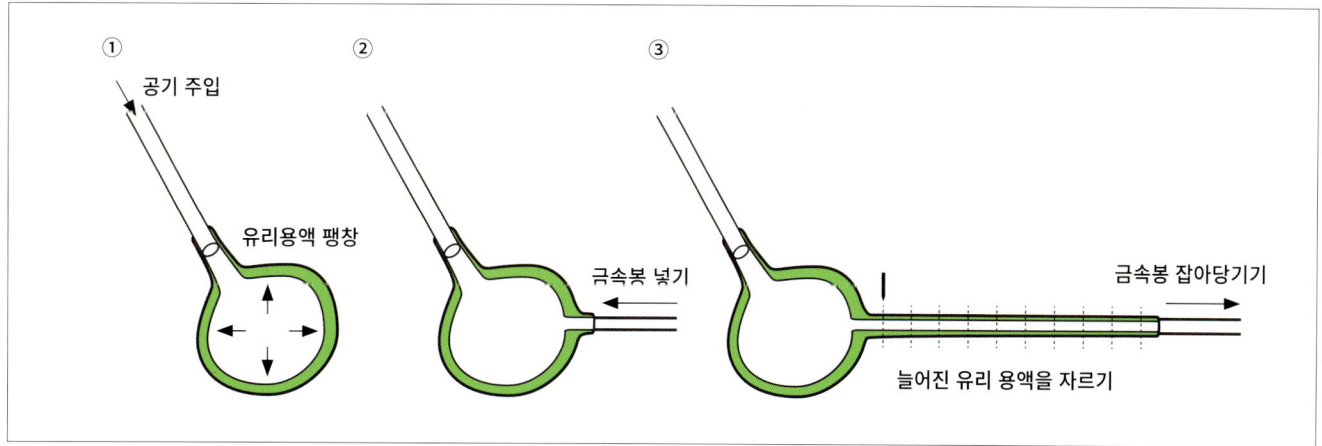

잡아늘이기 기법 중 대롱불기 기법(김주홍 2007 수정 게재)

최근 신덕 고분 1호분에서 출토된 구슬류 21점을 대상으로 분석미세구조 관찰, 비중 및 굴절률 측정, XRF분석, 전계방사형 주사전자현미경에 부착된 에너지 분산형 분광분석기 등 비파괴분석한 결과 유리로 만든 것과 호박으로 만든 것이 있었기 때문에 호박은 푸리에 변환 적외선 분광분석으로 분자구조까지 살펴보았다. 특히 10점의 호박 중에는 구멍을 양쪽에서 뚫은 흔적이 남아 있다.

호박 구슬 - 양쪽에서 구멍뚫은 흔적

신덕 고분의 유리구슬은 성분과 안정제에 따라 고알루미나 소다유리흑색, 녹색, 황색와 저알루미나 유리투명한 황색유리로 구분된다고 한다노지현·고수린 2020. 인도-태평양 유리구슬로 대표되는 소다유리 중 고알루미나 소다유리는 남아시아와 동남아시아에서 제작되었을 것으로 알려져 있다. 유리구슬의 성분 중에서 황색 안료로 사용되는 납PbSnO3이 확인되었고 납동위원소비 분석값을 비교해본 결과 동남아시아타일랜드 깐짜나부리주Kanchanaburi의 방연광方鉛鑛 납의 황화 광물의 것과 유사함을 밝혀내었다. 이처럼 유리구슬 제작에 필요한 재료 중 동남아시아에서 생산된 재료를 사용했음은 확실하지만 제작지에 대한 것은 검토가 더 필요하다고 보았다. 유리구슬 착색제로서의 납동위원소 분석으로 광주 무령왕릉, 서울 풍납토성, 부여 능산리, 익산 미륵사지, 경주 황남대총, 창녕 계성리 고분군 출토 구슬도 신덕 고분의 것과 동일하다.

유리로 만든 곱은 옥은 내부의 불규칙한 기포와 고르지 못한 특징 때문에 거푸집에 유리가루를 넣고 가열해서 만들었던 것으로 보인다. 3점은 거푸집으로 만들었지만 나머지 1점의 곱은 옥의 머리와 몸통, 끝부분으로 이어지면서 3번 정도의 꺾임이 있고 내부의 기포가 곱은 옥의 길이 방향과 평행하게 나타난다. 즉 유리덩어리를 늘여서 꺾은 다음 각 부위마다 세부 형태를 다듬고 그 후에 머리 부분에 구멍을 뚫었다. 구멍이 기포를 관통하고 있고 호박 구슬처럼 양쪽에서 뚫은 것으로 보인다.

연리문 구슬은 총 4점이 확인되며 색 구성에 따라 2종류로 나뉜다. 먼저 노란색과 녹색이 있는 구슬 만드는 방법은 노란색과 녹색의 유리를 번갈아 두면 작은 판이 되고 이것을 금속봉에 감싸서 접합한다. 금속봉에서 빼낸 긴 유리관을 일정한 크기로 자르고 양쪽 끝을 둥글게 마무리하기 위해 안쪽으로 모아준다. 모아줄 때 살짝 무늬가 뒤틀리기도 한다. 또 다른 연리문 구슬은 백색+흑색+황색+적색+녹색이 순서대로 3번 반복되는 패턴을 가지고 있다. 이 구슬은 노란색+녹색의 연리문 구슬과 만드는 방법이 다르다. 먼저 녹색의 유리액을 금속봉에 감아 잡아늘이기 방법으로 유리관을 만들고 그 위에 백색+흑색+황색+적색+녹색의 얇은 유리판을 감싸서 가열하면서 접합한 후 일정한 크기로 잘라 양끝을 모으면서 둥근 구슬로 마무리 한다.

연리문 구슬(경주 황남대총 북분, 공주 무령왕릉, 나주 복암리, 공주 수촌리유적)

우리나라에서는 현재 경주 황남대총 북분과 노서리고분, 백제권역에서는 공주 수촌리 Ⅱ지점 2호 덧널무덤, 공주 무령왕릉, 함평 신덕 고분, 나주 복암리 고분에서만 발견될 정도로 매우 희귀한 유리구슬이다.

일본에서는 연리문구슬을 강기다마雁木玉라고 하는데 나라현 니자와센즈카新澤千塚 126호분, 강산현 기후현 아카이와시赤磐市 이와다岩田 14호, 기부현 후나키야마船來山 19호분, 아이치愛知현 이와츠岩津 2호분 등에서 출토되었고 베트남 부남국扶南國의 옥에오Oc Eo유적에서도 확인되기권오영 2014 때문에 연리문구슬의 유통과 교류에 대해 동남아시아 바닷길의 루트를 고려해야만 한다.

중층 유리구슬은 유리와 유리 사이에 금박이나 은박을 넣어 만드는 중층 구조로 이루어지는데 신덕 고분에서는 106점이 확인되었다. 기본적으로 잡아늘이기 기법으로 만들지만 세부적인 면에서 다양하게 구분된다. 신덕 고분 외에 영산강유역의 장고분인 고창 칠암리 1호분, 해남 용두리 고분2점, 담양 월전 고분에서도 확인된다. 신덕 고분에서 출토된 연리문 구슬은 금박과 은박으로 구분된다. 대부분 잡아늘이기 기법으로 만든 유리관에 금박이나 은박을 감싼 뒤 다시 유리액에 집어 넣어서 중층을 만들기 때문에 바깥 유리액이 흘러 기포의 방향이 길쭉하게 되는 특징이 있다. 또 한 개의 개별 중층유리구슬둥근 구슬처럼 생김이 있는 반면 여러 개가 붙어 있는 것처럼 보이는 연주형連珠形이 있는데 앞서 말한 방법으로 만든 후 집게를 이용해서 끊어지지 않게 일정한 크기로 홈을 만들기 때문에 여러 개의 구슬이 연달아 있는 형태로 나타난다. X-선 투과사진을 보면 중간에 있는 금박또는 은박이 끊어져 있지 않은 것을 관찰할 수 있다. 중층 유리구슬을 만드는 방법은 기원전 3세기 경에 나타나기 시작했으며 기원전 동부 지중해연안 및 서아시아와 이집트 알렉산드리아를 중심으로 메소포타미아, 흑해 연안의 남러시아, 중앙아시아, 헝가리, 스칸디나비아 등 유럽과 인도네시아 자바 등 동남아시아, 한반도, 일본 등 각지에서 확인되었다

   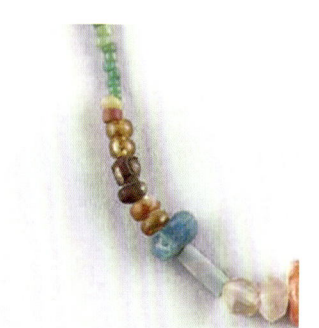

중층 유리구슬(고창 칠암리, 해남 용두리(2점), 담양 월전 고분)

무색+황갈색 유리 구조의 중층 유리구슬(부여 왕흥사 절터)

중층 유리구슬은 기본적으로 유리와 유리 사이에 금속박이 있는 구조이며 금속박과 바깥유리의 구조로 구분해보면 금박+무색유리⇒금색, 금박+황색유리⇒금색 은박+무색유리⇒은색, 은박+황색유리⇒금색, 금속박이 없고 유리를 이중으로 겹쳐서 무색유리+무색유리, 무색유리+황갈색유리인 경우도 있다. 이처럼 다양한 구조로 구성되고 눈에 보이는 색만으로 금박과 은박을 구분하기 힘들기 때문에 정밀한 과학적 분석이 필요하다. 그 중 금색의 화려한 효과가 잘 드러나는 것은 금박+황색유리로 연천 학곡리 적석묘 출토 구슬이 있고 은박+무색유리⇒은색의 경우는 무령왕릉과 함평 신덕 고분의 것이 있다.

또 금속박은 없고 이중 유리로만 효과를 낸 것으로 무색+무색유리의 서봉총 구슬과 무색+황갈색유리의 부여 왕흥사 절터의 구슬이 있다조연지 2013. 대구 신서혁신도시 B-1 3북구역 10호 나무널무덤에서 출토된 무색의 둥근 구슬 2점은 단면 관찰 결과 2개의 유리층으로 이루어진 사례도 있다김나영 2013. 이러한 중층유리구슬은 일본 오사카부 다카이다야마高井田山 고분과 시토미야키타蔀屋北 유적에서 확인된 사례가 있다. 중층유리구슬은 경산 임당동·조영동, 칠곡 심천리, 경주 서봉총·황남대총·금관총, 김해 양동리, 부산 복천동, 고성 송학동, 산청 옥산리, 마산 현동 등 영남 지역 일부 외에 거의 백제권역에서 확인된다. 백제권역에 집중적으로 나타나는 중층 유리구슬은 한성기 마한 사람들이 꽤 선호하다가 낙랑군 소멸 이후 줄어드는 것을 보면 그 수입경로의 변화가 있었음을 짐작할 수 있다. 웅진기에 들어서면 공주와 호남지역에서 집중적으로 확인되는 경향을 보이는데 바닷길을 통한 중국 동진 등 남북조 여러 왕조 및 동남아시아와의 교류 루트가 확보되고 활발해졌기 때문이라고 본다. 이후 사비기에 들어서면 고분보다는 주로 능산리나 왕흥사 절터와 부여 나복리 통실 유적의 제사유구에서 일부 확인된다. 특히 통실 유적에서는 수혈구덩이 바닥에 놓인 항아리 속에서 수많은 둥근 구슬과 함께 중층 유리구슬이 확인되기도 하였다이한상 2013.

특히 무령왕릉에서 출토된 중층 유리구슬 27점을 분석김나영 등 2011해보니 육안으로 보이는 금색과 은색이 각각 금박과 은박으로 구분될 것이라고 보았으나 분석결과는 모두 은박 유리구슬로 산화칼슘을 안정제로 사용하고 식물의 재로 얻은 소다유리였다. 유리 속 금속박은 은박이지만 은박을 감싸는 바깥유리가 투명한 황색 계통이면 금색으로 보이고 무색 계통이면 은색으로 보였던 것이다. 금색으로 보이는 황색 유리의 경우는 산화철FeO_3을 착색제로 사용하여 얻은 색이다. 이러한 황색 계통의 유리는 무령왕릉 외에 함평 신덕 고분, 부여 왕흥사 절터와 능산리 절터, 연천 학곡리유적에서 확인된다. 유리 가운데 금속박이 들어가기 때문에 금속박이 흑색이나 황색, 자색으로 변하는 경우도 있다. 부여 능산리 절터와 왕흥사 절터, 함평 신덕 고분, 익산 입점리, 나주 대안리, 경주 금관총 유적의 중층 유리구슬의 표면에서도 변색의 흔적이 관찰된다.

영산강유역의 장고분과 방대형고분에서 출토된 유리구슬에 대한 현황권오영·박준영 2020을 살펴보면 함평 신덕 고분의 유리구슬 출토량4,751점은 압도적이다. 또한 함께 출토된 중층유리구슬과 연리문 구슬도 주로 위계가 높은 무덤에서 확인되는 고급품이다. 대부분의 유적에서 청색 계통의 유리 구슬을 선호한 반면 신덕 고분은 녹색 구슬량이 가장 압도적이며 흑색이나 황색과 같은 드문 색상의 구슬도 있다는 점은 신덕 고분 주인공이 생전에 가지고 있던 위상과 교류의 범위가 특별했음을 보여준다.

참고문헌

권오영, 2014, 「고대 한반도에 들어온 유리의 고고 역사학적 배경」, 상고사학보 85, 상고사학회.

권오영·박준영, 2021, 「함평 신덕 1호분 출토 유리구슬 검토」, 『함평 예덕리 신덕고분』, 국립광주박물관.

국립경주박물관, 2020, 『오색영롱 한국 고대유리와 신라』.

김나영·이윤희·김규호, 2011, 「무령왕릉 출토 황색 및 녹색과 박 유리구슬의 고고화학적 고찰」, 『백제문화』 44, 백제문화연구소.

김주홍, 2007, 「고대 유리옥 제작기술 연구」, 목포대학교석사학위논문.

노지현·고수린, 2021, 「함평 신덕1호분 출토 구슬의 과학적 분석」, 『함평 예덕리 신덕고분』, 국립광주박물관.

이한상, 2013, 「백제 옥류 장신구의 분포와 해석」, 『한국 선사·고대의 옥문화 연구』, 복천박물관.

조연지, 2013, 「韓半島 出土 重層琉璃玉 硏究」, 충북대학교석사학위논문.

호박 구슬의 제작방법

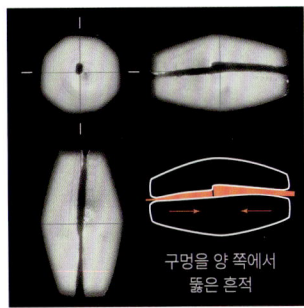

연리문 구슬의 제작방법

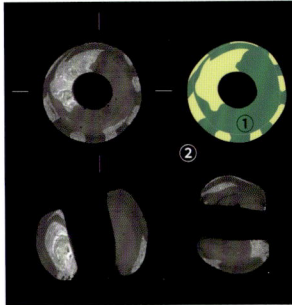 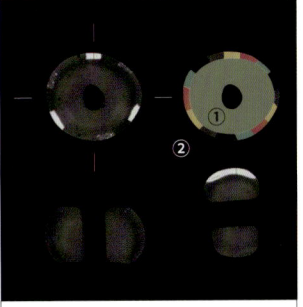

중층 유리구슬의 제작방법

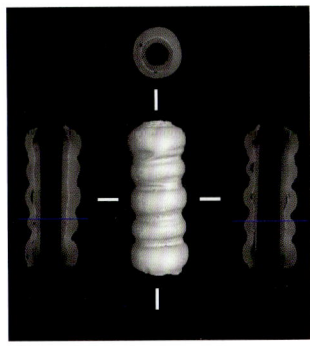 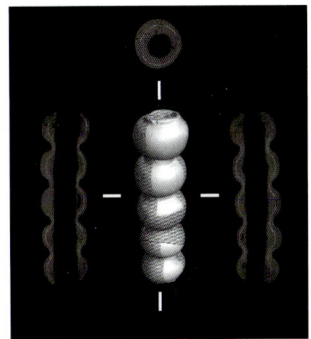 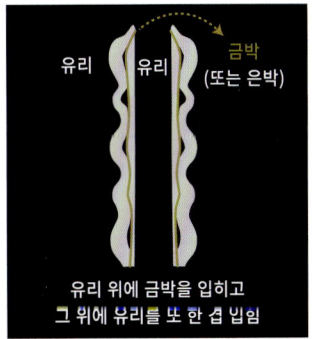

03 무덤 속 비밀의 실마리

쇠를 두른 사람

신덕 1호분의 돌방에서는 엄청난 양의 철판 조각이 바닥에 깔린 채로 출토되었다. X-ray 촬영으로 이 철판의 정체가 쇠비늘 조각이라는 것을 알 수 있었다. 무덤의 주인은 죽기 전 이 쇠비늘로 만든 갑옷과 투구를 입고 수많은 전장을 누볐을 것이다. 주인이 죽자 생전에 입었던 갑옷과 투구는 무덤에 같이 묻혔다. 천년이 넘는 시간 동안 가죽 끈은 썩어 없어지고, 쇠비늘만 남아 돌방의 바닥에 남았다.

비늘갑옷札甲은 동찰, 상박찰, 요찰, 도련찰로 이루어진 한 개체의 조합이 출토되었다. 이 쇠비늘에는 작은 구멍들이 일정한 규칙을 가지고 뚫려 있는데, 가죽끈을 구멍에 엮어 튼튼한 비늘갑옷을 완성하였을 것이다.

투구는 종장판주縱長板胄로, 복발과 지판, 볼가리개, 쇠비늘 등의 부품으로 구성된다. 투구의 맨 위를 장식하는 반구형의 복발에는 새의 깃털 자국이 남아 있는데, 갑옷의 주인은 투구 끝에 멋진 깃털을 꽂아 웅장한 자태를 뽐내었을 것이다.

이러한 모습의 갑옷과 투구는 가야권역을 중심으로 확인되고 있고, 일본에서도 유사한 자료를 찾아볼 수 있으나 아직 완전히 똑같은 것이 없어 어느 곳에서 만든 것인지는 정확히 알 수 없다.

쇠투구

26

쇠투구
縱長板胄
Vertical Plate Helmet

높이(복발) 10.2cm

전시연출 모습(투구 뒷모습)

쇠비늘갑옷

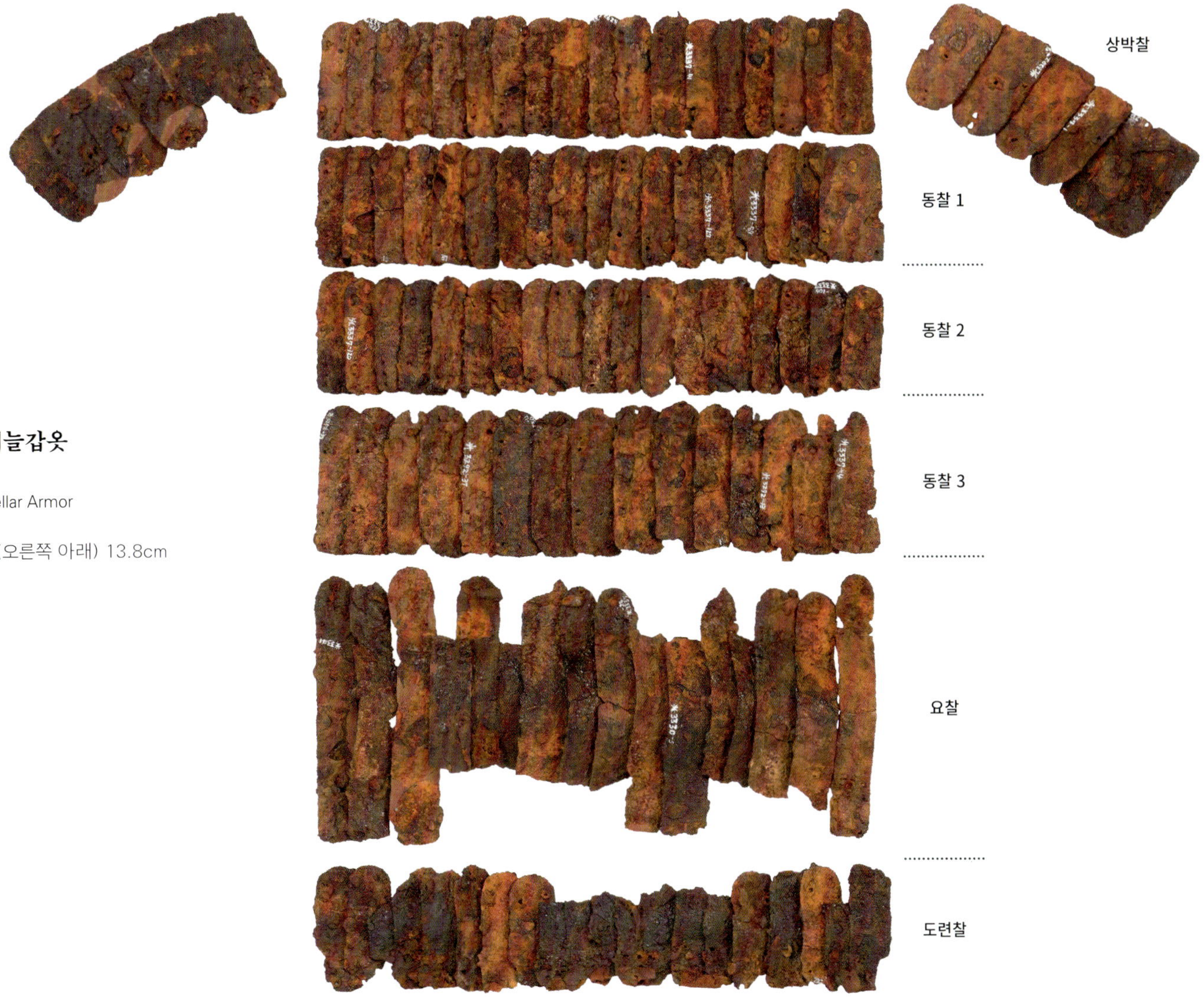

상박찰

동찰 1

동찰 2

동찰 3

요찰

도련찰

27

쇠비늘갑옷
札甲
Lamellar Armor

길이(오른쪽 아래) 13.8cm

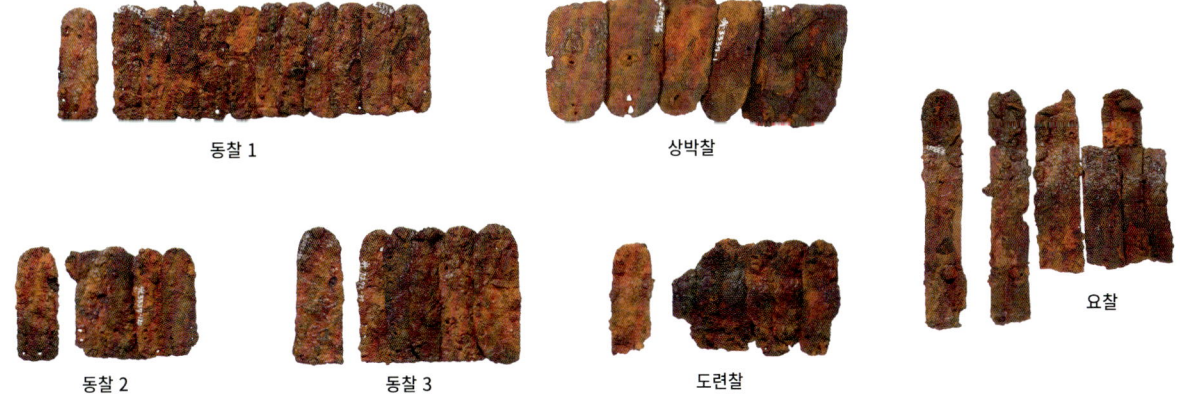

동찰 1 　 상박찰

동찰 2 　 동찰 3 　 도련찰 　 요찰

칼럼 7

함평 신덕 고분 출토 갑주의 의미와 새로운 이해

김혁중
국립김해박물관

갑주甲冑의 사전적 정의는 적의 공격으로부터 신체를 보호하는 갑옷과 투구를 말한다. 그러나 갑주는 시간이 흐르면서 이러한 용도에서 다양한 의미를 포함하게 되었다. 갑주가 다양한 용도로 사용된 배경에는 당시 다른 물품보다 제작을 위한 수준 높은 기술이 필요했으며 대량 생산이 어려운 희소성을 가진 물품이었기 때문이다. 갑주는 이러한 특성 때문에 지배계층에게 높은 가치가 매겨지고 갑주의 방어적 기능과 같은 본래의 목적을 벗어나 신분을 상징하는 위세품이나 나쁜 기운을 막는 의례용품으로도 사용하게 된 것이다.

이러한 점에서 신덕 고분 출토 갑주는 무덤에 묻힌 피장자가 전쟁에 출전하거나 그 지역의 군권을 장악하는 지배자의 상징적인 의미로 각종 의식에 착용하는 모습을 추정해 볼 수 있다. 또한 무덤에 부장할 때는 부장품이기에 죽은 자를 기리는 의례적인 의미도 더해진다. 신덕 고분 출토 갑주는 이러한 용도 이외에도 유물 자체에 대한 분석과 비교를 통해 흥미로운 사실을 알려준다. 그것은 신덕 고분 피장자가 이끈 세력이 주변과 활발한 교류도 하였음을 갑주라는 고고자료를 통해서 추정해 볼 수 있기 때문이다. 아래에서는 그 교류의 증거로 갑주 하나하나를 나누어 살펴보자.

신덕 고분 출토 갑주는 머리를 보호하는 투구와 몸을 보호하는 갑옷인 찰갑이 있다. 먼저 투구는 뼈대를 이루는 부분주체이 좁고 긴 철판을 여러 매로 이어 만들었다고 해서 종장판주라고 부른다. 신덕 고분 출토 투구는 그중에서도 제작 시기가 가장 늦은 것으로 이 투구 양식은 4세기대부터 확인된다. 이 투구는 부위별로 각각의 명칭이 있는데 위에서부터 살펴보면 머리 윗부분을 덮는 복발부, 좁고 긴 철판 여러 매가 연결된 주체부, 귀와 뒷 목 부분을 가리는 수미부가리개로 나눌 수 있다. 먼저 복발은 반구형으로 신덕 고분 투구는 철로 제작되었으나 가죽과 같은 유기질로 제작한 것도 있다. 가운데 부분은 구멍이 뚫려 있는데 이 구멍으로 투구를 장식하는 깃 등이 꽂혀 있었을 것으로 추정한다. 다음으로 남아있는 주체부의 수량은 모두 18매이며 위로 갈수록 좁고 아래로 갈수록 넓게 퍼진 형태이며 단면은 'S'형태로 굽어 있다. 이 지판의 제일 윗부분은 복발과 연결하기 위한 투공이 가운데 뚫려 있으며 가죽끈을 연결했을 것으로 추정한다. 다음으로 귀와 목 뒷부분을 가리는 수미부가리개이다. 수미부가리개를 구성하는 것은 장방형의 작은 철판 수십 매와 양 볼을 보호해주는 역삼각형의 넓은 지판이다. 투구 형태는 주체부와 수미부가리개를 구성하는 철판 모두가 가죽끈으로 연결되기에 오랜 시간 가죽끈이 삭아 없어져서 제자리를 이탈했기 때문에 완전한 모습으로 복원하기 어렵다.

투구에 남아있는 깃털(세부)

이러한 신덕 고분 출토 투구는 한반도에서 출토된 여러 종장판주와 비슷한 부분이 많지만 주목할 특징 몇 가지가 확인된다. 첫 번째 특징은 'U'자형 철판이 확인되는 것이다. 이 철판은 그 성격을 두고 두 가지 다른 견해가 있다. 첫째는 옆구리를 보호하는 보호대로 보는 견해이다. 그러나 이와 유사한 성격을 가진 보호대는 현재까지 한반도에서 확인된 사례가 없다. 일본의 고분시대 자료를 참고로 추정하였으나 분명한 증거는 없는 실정이다. 다음은 종장판주의 챙으로 보는 견해이다. 대부분의 종장판주는 챙을 갖춘 양식이 없다. 그러나 대가야권을 중심으로 챙이 있는 종장판주가 출토되고 있다. 신덕 고분 출토 종장판주도 수미부가리개의 형태 등에 있어 이러한 양식의 종장판주와 동일한 점이 확인되며 종장판주의 주체부와 연결하기 위한 부공도 보호대로 판단하기보다 투구의 챙으로 보는 것이 합리적으로 판단된다.

두 번째는 양 볼을 보호해주는 부분이 넓은 지판으로 제작된 점이다. 종장판주는 현재 자료로 보면 4세기부터 제작되었다. 종장판주가 처음 제작되었을 때는 넓은 지판을 이용하여 양 볼을 보호하는 가리개도 제작되었으나 점차 작은 철판소찰을 이용하는 변화가 확인된다. 그렇기에 6세기 이후로 추정되는 신덕 고분에서 출토되는 역삼각형의 볼가리개는 그 존재가 특이하다고 할 수 있다. 최근 고령 지산동 고분군에서도 챙은 없지만 이와 유사한 형태의 투구가 출토되어 당시의 상황을 조금이나마 이해할 수 있는 좋은 자료가 제공되었다고 할 수 있다.

다음으로 갑옷은 작은 철제로 만든 비늘 형태의 철제판소찰을 가죽과 같은 유기질의 끈으로 엮어 만든 소위 '찰갑'이라고 부르는 형태이다. 이 갑옷은 소찰을 끈으로 엮어 만드는데 그 수량이 적게는 수백 매에서 수천 매까지이며 몸을 보호하는 범위도 상반신을 포함하여 팔과 다리 등 넓은 범위까지 해당하는 것도 있다. 그러나 소찰을 연결하는 끈이 유기질이어서 오랜 시간이 지나면 삭아 없어지고 그 때문에 전체의 구조가 크게 흐트러진다. 찰갑이 출토된 유적은 대개 무덤으로 그 안에서 형태가 크게 훼손되어 정확한 구조를 알기 어렵다. 이에 현재 연구자들은 기왕의 자료에서 그 구조가 분명한 자료를 기준으로 소찰 형태를 통해 개별 부위를 추정하고 있다. 이러한 소찰의 부위는 'ㅇㅇ찰'로 부르고 있는데 크게 '상박찰', '동찰', '요찰', '상찰', '도련찰' 등으로 나눌 수 있다.

신덕 고분 출토 찰갑은 모두 7가지 형태로 나눌 수 있는데 이 중에서 부위를 분명하게 알 수 있는 것은 '요찰'이다. 요찰은 허리부분에 해당하는 것으로 신체 중 허리 부위가 잘록하게 변화하는 것을 반영하여 다른 부위의 소찰보다 단면형태가 굴곡진 형태이다. 이러한 특징으로 다른 부위의 소찰보다 찾기 쉬운 장점이 있다. 이제까지 출토된 찰갑은 크게 3가지의 요찰 단면을 가지고 있다. 이 단면 형태를 각각 'S'형, 'Ω'형, '('형으로 나눌 수 있다. 이 중에서 신덕 고분 출토 요찰은 가운데가 오목한 단면 형태인 'Ω'형을 띠고 있다.

찰갑의 요찰이 왜 이러한 형태를 가지게 되었는지는 정확하게 알 수 없지만 제작에 간단치 않음에도 이처럼 수고로움을 감안하면서 제작한 것은 착장 등의 기능적 측면을 추정해 볼 수 있을 뿐이다. 다만 시기적인 차이는 알 수 있는데 크게 'S'형에서 'Ω'형으로 변화하는 흐름이 보인다. 그렇다고 해서 'S'형의 요찰이 사라지는 것은 아니지만 'Ω'형은 늦은 시기에 유행한 형태이다. 이외에도 신덕 고분에서는 다양한 소찰이 출토되었지만 개별 부위가 명확하다고 할 수 없기 때문에 요찰에 대한 부분만 소개하고자 한다. 향후 찰갑 연구가 진전되어 신덕 고분 출토 찰갑의 명확한 복원을 기대해보고자 한다.

함평 신덕 고분은 분형의 형태가 방형과 원형이 합쳐진 형태로 전방후원분 혹은 전방후원형 고분으로 불리고 있다. 이러한 고분 형태는 이웃하는 일본의 고대 무덤 형태와 많은 부분이 닮아서 그 성격과 축조배경에 대한 많은 견해가 있다. 다양한 부장품이 부장되었는데 현재까지 백제, 왜 등 다양한 계통에서 제작되거나 영향을 받았을 것으로 추정된다. 갑주는 구조의 전모가 다 밝혀지지 않았으나 약보고서나 열람 등을 근거로 그간 왜계 갑주로 분류되어 당시 한반도와 왜의 관계를 보여주는 사례로 인용되었다. 따라서 고분에서 출토된 갑주가 차지하는 비중은 크지 않지만 그 안에 담고 있는 역사적 의미는 꽤나 크다.

그렇다면 과연 이 갑주를 왜계 갑주로 단정지을 수 있을까. 함평 신덕 고분의 갑주에서 왜계 갑주로 추정한 것은 찰갑이며 투구의 성격을 분명하게 언급한 적은 없다. 투구는 그 형태가 한반도에서 많이 제작되고 사용된 종장판주라는 양식이기 때문에 그러했을 것으로 추정된다. 찰갑을 왜계로 판단한 근거는 요찰과 도련찰의 단면형태가 'Ω'형인 점이기 때문이다. 그러나 영남지방에서 새로 추가된 자료들의 출현시기와 전개과정을 본다면 한반도에서 영향을 받아 제작했을 가능성이 높아서 신덕 고분의 찰갑을 왜계로 보기 어렵다. 가장 중요한 점은 공반된 유물 중 백제계도 있기에 백제 갑주의 전모가 밝혀지지 않은 상황에서 신덕 고분 출토 찰갑을 왜계로 단정짓기 어렵다는 것이다. 찰갑과 세트로 여겨지는 투구인 종장판주의 성격이다. 이 투구는 종장판주라는 양식의 큰 범주에 들어가 있으나 차양과 수미부가리개 등에서 특징적 성격을 갖고 있다. 최근 이 양식의 투구가 대가야권을 중심으로 분포 범위가 확인되고 있으며 신덕 고분에서 출토된 수미부가리개 중 양볼을 보호하는 역삼각형의 지판가리개는 고령 지산동 고분군에서 확인된 바 있다. 이에 이러한 투구 양식을 대가야계 투구로 보는 견해도 있어서 신덕 고분 출토 갑주의 계통이 매우 다양하였음을 알 수 있다. 이러한 여러 가지 정황을 고려해본다면 앞에서 언급한 것처럼 신덕 고분에 부장된 다른 부장품처럼 피장자는 생전에 주변과 활발한 교류를 하였으면 그들과의 교류를 통해 얻은 물품을 상징적으로 부장하여 그 위세를 대외적으로 보여주려는 의도가 있지 않았을까라고 추정해 볼 수 있다.

참고문헌

김혁중, 2014, 「고대 한일 찰갑의 교류 - Ω자형 요찰과 부속갑」, 『무기·무구와 농공구 어구: 한일 삼국·고분시대 자료』, 한일 교섭의 고고학 연구회.
_____, 2018, 「신라·가야 갑주의 고고학적 연구」, 경북대학교 박사학위논문.
이현주, 2015, 「삼국시대 소찰주 연구」, 『우정의 고고학』, 故손명조선생 추모논문집간행위원회.
_____, 2017, 「연천 무등리 2보루 출토 찰갑으로 본 6세기대 찰갑 양상」, 『세계사 속에서의 한국』, 希正 최몽룡교수古稀기념논총.
황수진, 2011, 「삼국시대 영남 출토 찰갑의 연구」, 『한국고고학보』제78집, 한국고고학회.

남원 월산리 M5호분 출토 투구

03 무덤 속 비밀의 실마리

긴 칼 허리에 차고

신덕 1호분의 돌방에서는 큰 칼, 쇠투겁창, 화살촉과 화살통 등 많은 철제 무기가 발견되었다. 주인공이 생전에 직접 사용했던 것으로 보이는 이 무기들은 이 지역보다 다른 지역에서 흔하게 사용하던 것이다. 특히 철봉 위에 은을 입히고 꼬아 만든 고리로 칼자루를 장식하고, 금이나 은을 입힌 동그란 장식으로 손잡이를 꾸민 큰 칼은 왜에서 흔히 보이는 칼의 형태이다. 날의 단면이 삼각형이고 자루의 단면이 팔각형인 쇠투겁창은 백제에서 유래한 것으로 보인다. 비슷한 형태의 쇠투겁창 중 가장 빠른 시기에 출현하는 유물이 한성백제의 중심지인 서울 풍납토성에서 발견된 것이기 때문이다. 삼엽三葉의 세움 장식立飾이 달린 화살통은 백제나 대가야에서 만든 것을 가져온 것으로 보인다. 이처럼 무기의 종류를 다양하게 구성하고 있다는 점은 무덤 주인공의 강력한 군사적 성격을 보여준다. 또 무기의 출처가 다양하다는 점을 보았을 때 주인공이 주변 지역과 얼마나 활발하게 교류하였는지를 짐작할 수 있다.

꼰 고리자루칼

전시연출 모습

28

꼰 고리자루칼과 큰 칼
環頭大刀·鐵製大刀
Iron Sword with Ring Pommel
and Iron Swords

길이(오른쪽) 110.2cm

꼰 고리 세부

원형 장식(앞)

원형 장식(뒤)

작은 칼, 쇠투겁창과 물미

29

작은 칼
鐵製刀子
Iron Hand Knives

길이(왼쪽) 28.9cm

도굴되었던 유물의 정체를 밝혀 준 작은 칼(왼쪽)

1991년 도굴범이 서울 국립중앙박물관 동문에 유물이 들어있는 상자를 그냥 두고 가버렸다. 출토지를 알 수 없었으나 상자 속 작은 칼의 자루와 신덕 고분에서 수습한 칼의 날 부분이 딱 들어맞는 것을 확인하였다. 따라서 정체를 알 수 없었던 상자 속 유물이 신덕 1호 무덤에서 도굴되었던 유물임을 알게 되었다.

30

쇠투겁창과 물미
鐵鉾·鐵鐏
Iron Spearheads and Iron Spear Ferrules

길이(물미, 왼쪽 아래) 17.0cm

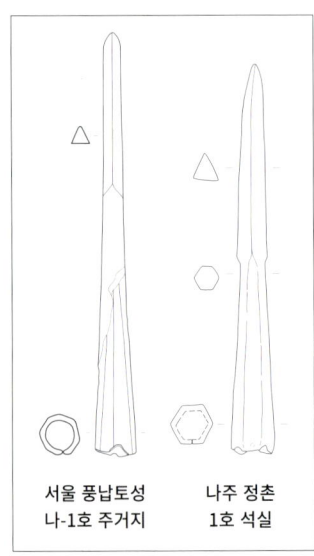

서울 풍납토성
나-1호 주거지

나주 정촌
1호 석실

유사한 쇠투겁창의 사례

화살통 꾸미개

31

화살통 꾸미개
盛矢具
Quiver Ornaments

길이(왼쪽) 16.8cm

화살통 꾸미개(세부)

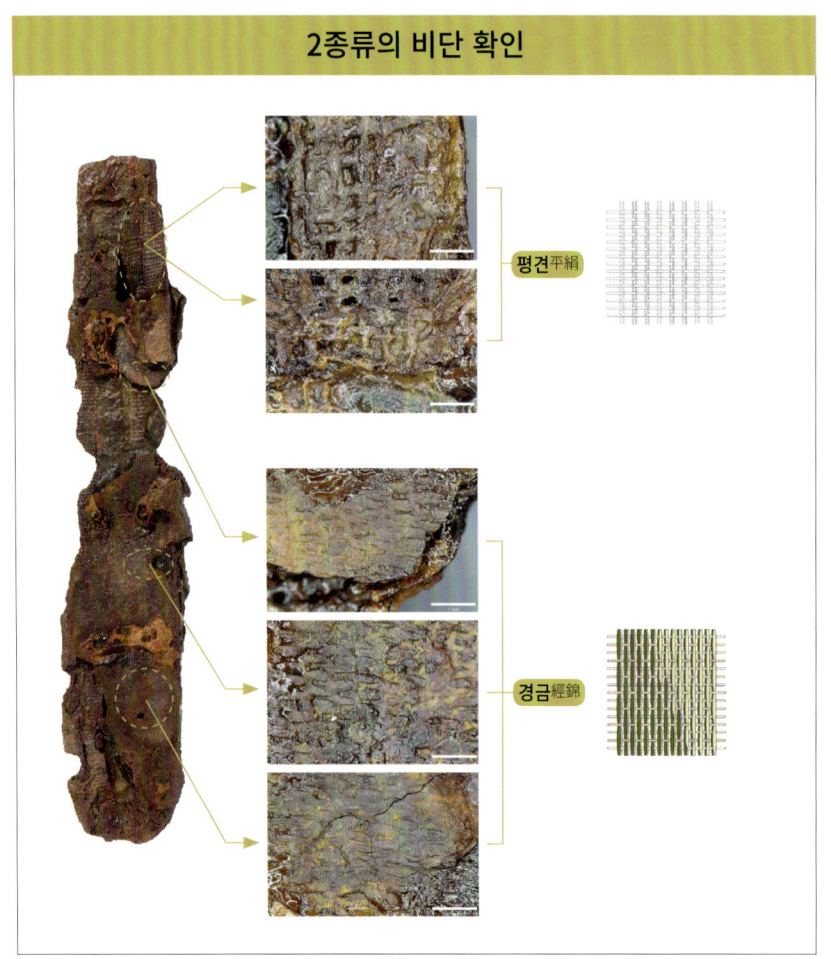

2종류의 비단 확인

평견 平絹

경금 經錦

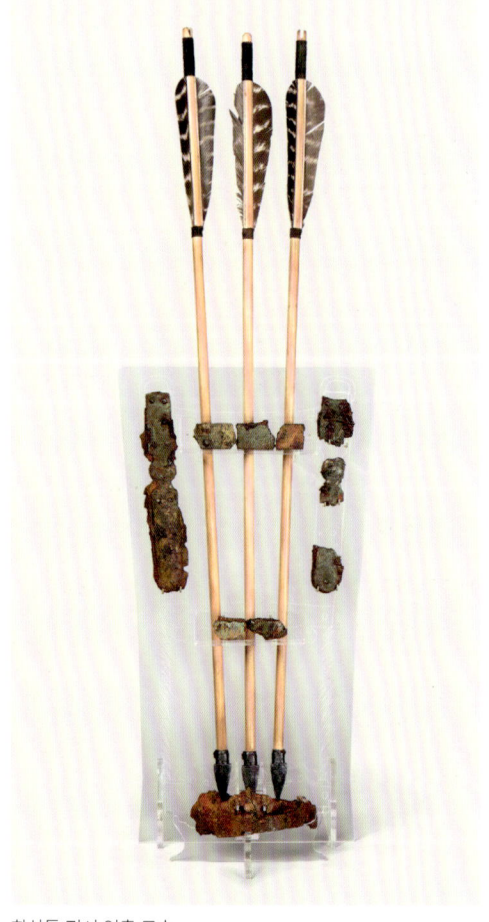

화살통 전시 연출 모습

활 꾸미개

32

활 꾸미개
弓金具
Bow Components

길이(왼쪽) 2.3cm

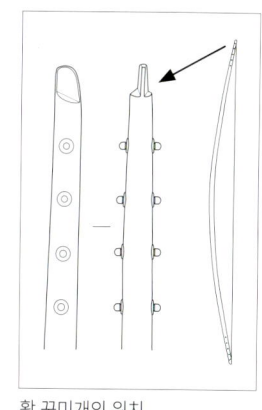

활 꾸미개의 위치

쇠화살촉

33

쇠화살촉
鐵鏃
Iron Arrowheads

길이 9.4~14.9cm

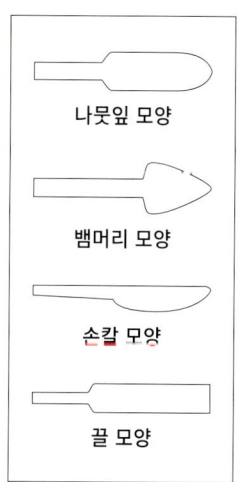

칼럼 8

신덕 1호분의 무기류가 알려주는 이야기

박경도

4세기 후반~6세기 전반 영산강 유역에서는 거대한 독널옹관甕棺을 매장주체로 사용하는 고분과 외부의 영향을 수용하여 축조된 돌방횡혈식석실橫穴式石室, 장고분 등이 확인되며, 출토되는 유물遺物 또한 지역의 고유한 성격을 가진 것뿐만 아니라 백제중앙, 왜倭, 가야로부터 유입된 것이 확인되는 등 다양하고 복합적인 양상을 보이고 있다. 소략한 문헌자료와 고고학 자료가 보여주는 이러한 복잡한 양상 때문에 당시 이 지역의 정치적 동향에 관해 학자들마다 다양한 의견을 제시해 논쟁이 이어지고 있다.

이러한 복잡한 양상을 압축적으로 보여주는 대표적인 사례가 장고분이다. 1984년 처음 그 존재가 확인되었고, 일본의 고분시대古墳時代에 만들어진 전방후원분前方後圓墳과 무덤의 모양과 구조가 거의 같은 이질적인 존재여서 많은 학자들의 관심을 끌고 있다. 지금까지 영산강 유역을 중심으로 모두 14기가 확인되었고, 그 가운데 10기에 대해 부분 또는 전면적인 조사가 이루어졌다국립나주박물관 2019.

신덕 1호분은 비록 도굴 피해를 입기는 했지만 도굴 직후 대부분의 유물을 되찾아 전방후원형 고분 가운데 유구遺構와 유물을 전체적으로 함께 살펴볼 수 있는 거의 유일한 사례라고 할 수 있다. 무덤의 모양과 구조, 그리고 함께 묻힌 유물은 재지적인 것, 백제 중앙이나 왜와 관련된 것들이 혼재되어 있고, 때로는 하나의 물품에 각각의 요소가 섞여 있기도 하다. 이는 당시 신덕 1호분을 축조한 집단, 나아가 영산강 유역이 가지는 개방성과 국제성, 역동적인 당시의 모습을 보여주는 동시에 무덤을 만든 주체가 누구인지, 묻힌 사람은 어떠한 사람인지, 그리고 당시 이 지역의 정치적 동향은 어떠했는지를 밝히는 것이 간단치 않음을 말해주는 것이기도 하다.

무덤에 묻힌 껴묻거리副葬品 가운데 장신구류 등 특정한 종류 것들은 묻힌 사람의 사회적 지위나 성격 등을 보여주는 중요한 자료이다. 신덕 1호분에서 나온 유물은 장신구류, 무기류, 공구류, 용기류 등 다양한 종류의 것이 확인된다. 이 가운데서도 위세품威勢品으로 불리는 금동관金銅冠 등의 장신구류와 큰칼大刀 등의 무기류는 무덤에 묻힌 주인공이 누구인지, 그가 어떠한 역할을 하였는지를 밝히는 데 매우 중요한 자료이다. 이 물품들이 주로 어디서 만들어지고 사용된 것인지를 살펴보는 것이 다른 요소들과 함께 무덤에 묻힌 주인공의 성격을 푸는 실마리가 될 수 있는 것이다.

신덕 1호분에서 나온 무기류는 큰칼大刀과 손잡이 장식, 투겁창鐵鉾과 물미鐵鐏, 화살과 화살통盛矢具 등이다.

큰칼은 모두 3점으로 손잡이 가장자리 장식柄緣金具과 칼집입장식鞘口金具을 은으로 만들어 장식한 은장銀裝대도 1점과 아무런 장식이 없는 철제대도 2점이며, 여기에 큰칼의 손잡이에 장식되는 꼰고리와 금과 은으로 장식한 반구형장식금구半球形裝飾金具가 함께 나왔다.

길이 1m가 넘는 철제대도 2점은 칼날과 슴베가 만나는 경계지점의 칼날 쪽에 둥근 구멍鎺本孔이 뚫려 있고, 이 가운데 한 점은 경계지점에 가까운 슴베에 凹상의 홈莖元抉り이 확인된다. 이는 당시 왜倭에서 제작·유통되었던 조본공철도鎺本孔鐵刀라고 부르는 전형적인 왜식倭式대도이다. 이 가운데 한 점은 함께 나온 평면 쐐기모양의 칼 손잡이 끝에 부착되는 꼰고리와 손등을 보호하기 위한 띠에 부착되는 반구형장식금구와 결합되는 꼰환두대도捩り環頭大刀로그림1, 나머지 한 점은 꼰고리가 없는 설형병두대도楔形柄頭大刀로 추정된다. 칼의 크기, 구조에 꼰고리와 반구형장식금구까지 모두 기존 연구김낙중 2007에서 지적되었듯이 한반도에서는 출토된 예가 없는 당시 일본에서 유행한 왜와 관련된 전형적인 것으로, 야마토정권이 지방 지배와 관련해 생산하고 배포한 것이다.

은장대도에는 얇은 은판으로 만든 민무늬의 손잡이와 칼집 장식금구가 부착되어 있다. 칼집 장식금구는 양 끝부분을 안에서 밖으로 돌출시켜 마치 폭이 좁은 은제 띠를 부착해 놓은 듯한 효과를 내고 있다. 이러한 형태는 일본에서 출토된 장식대도에서 확인할 수 있는 요소이다. 역시 아직까지 국내에서는 이와 동일한 모습의 것은 확인된 사례가 없다.

살펴본 바에 따르면 큰칼은 형태를 비롯한 특징적인 요소들은 모두 일본열도에서 주로 확인되고 있으므로 신덕 1호분에서 나온 큰칼은 모두 제작기법의 특징들이 왜와 직접 관련되어 있음을 알 수 있다.

신덕 1호분에서는 투겁창과 물미가 각각 3점씩 확인되었는데, 각각 1점씩 서로 짝을 이루었던 것으로 보인다. 투겁창 3점 가운데 2점은 창날 쪽의 단면이 마름모 모양인데 비해 다른 1점은 삼각형으로 독특한 모습이고, 자루를 꽂는 투겁 쪽의 단면은 모두 팔각형이다. 단면이 삼각형인 것은 세 면에 폭 2.5mm 내외, 길이 12.6cm 안팎의 홈血溝이 있고, 너비 3.8cm의 은판으로 단면모양이 다각형인 투겁 아래쪽과 창자루의 끝부분을 함께 감싸 장식하였다. 하나의 유물에 요소별 계보가 혼재되어 있는 사례인데, 세부적으로 창날 부분의 단면이 삼각형인 점은 왜계, 투겁 단면이 다각형인 점과 은을 씌워 장식하는 요소는 백제·대가야적인 요소로 보고 있다高田貴太 2001. 단면 삼각형의 투겁창은 주로 일본열도에서 집중적으로 확인되고 국내에서는 풍납토성과 나주 정촌고분 고분에서 나온 사례가 있다국립나주문화재연구소 2017. 분포수량은 일본이 압도적으로 많고 시기적으로는 한반도에서 더 빨리 나타나는 양상을 보이고 있어 계보를 백제와 왜 어느 한쪽에서 구하기는 쉽지 않지만, 이를 보다 적극적으로 활용한 것이 왜라는 점은 분명해 보인다.

화살통은 장식된 금구가 특징을 잘 반영하고 있으며 투겁창과 마찬가지로 한반도와 일본열도에서 모두 확인된다. 신덕 1호분 출토품과 비슷한 것이 공주 송산리 4호분, 해남 용두리 고분, 합천 옥전 M4호분에서도 확인되며, 투겁창과 마찬가지로 시기적으로는 한반도의 것이 빠르고 분포밀도는 일본열도 쪽이 압도적으로 높다. 또한 장식구에 부착된 직물흔에 보이는 마감기법은 한반도 중서부와 남서부에서만 확인된다. 이런 양상을 고려하면 마찬가지로 계보를 백제와 왜 어느 한쪽으로 특정하기는 어렵지만 왜가 더 적극적으로 활용한 것을 알 수 있다.

이상에서 살펴본 바에 따르면 신덕 1호분에서 나온 무기류 가운데 큰칼은 당시 일본열도倭와 직접적으로 관련되며, 투겁창과 화살통은 백제와 왜 양쪽과 모두 관련되는 요소를 가지고 있음을 알 수 있다. 신덕 1호분에 묻힌 주인공이 이러한 무기류를 소유할 수 있었던 것은 그가 속한 집단이 당시 백제와 왜 사이의 교섭에서 중요한 역할을 담당하였고, 이를 수행하는 과정에서 입수한 것으로 볼 수 있다. 특히 꼰환두대도를 비롯한 큰칼의 존재는 일본 야마토 정권 또는 지방 유력수장과 깊은 관계를 가지고 있었음을 보여준다.

무덤의 주인공이 지닌 물품은 그의 사회적 지위와 정체성과 직능 등을 보여준다. 신덕 1호분의 껴묻거리 가운데 장신구류와 무기류가 무덤 주인공의 성격을 가장 잘 반영하고 있는 물품이라 볼 수 있다. 위세품威勢品으로서 복식의 구성요소의 하나인 관이나 신, 목걸이 등의 장신구류가 무덤 주인공의 정체성을 보여준다면 무덤의 모양과 구조 뿐만 아니라 왜와 강한 연관성을 보이는 무기류의 존재는 그의 출자와 성격을 보여주는 자료라고 생각된다.

참고문헌

국립나주박물관, 2019, 『韓國의 長鼓墳』.
김낙중, 2007, 「6세기 영산강유역의 장식대도와 왜」, 『영산강유역 고대문화의 성립과 발전』, 국립나주문화재연구소 엮음, 학연문화사.
高田貴太, 2001, 「三角穗式鐵鉾の基礎的整理」, 『定東塚·西塚古墳』, 岡山大學考古學硏究室33.
국립나주문화재연구소, 2017, 『羅州 伏岩里 丁村古墳』.

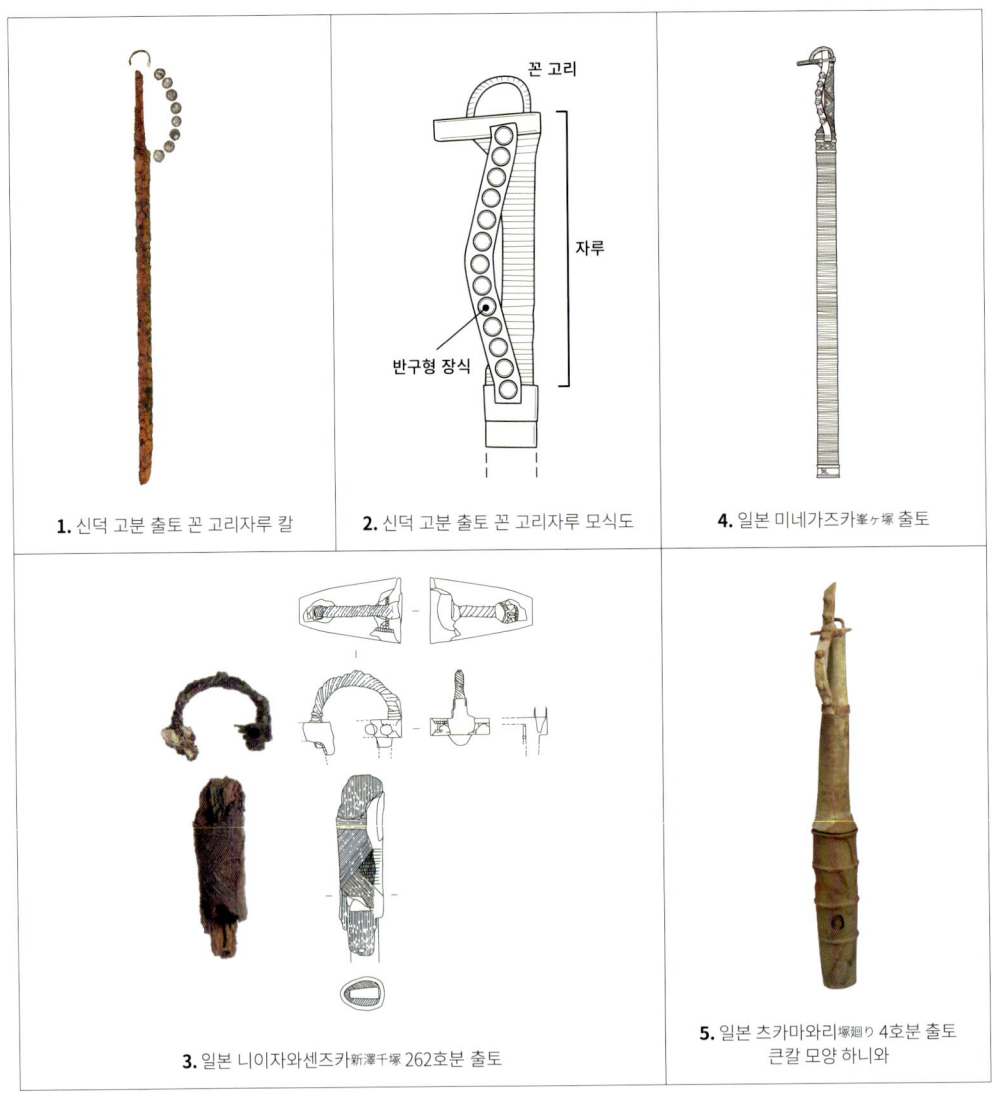

1. 신덕 고분 출토 꼰 고리자루 칼
2. 신덕 고분 출토 꼰 고리자루 모식도
3. 일본 니이자와센즈카新澤千塚 262호분 출토
4. 일본 미네가즈카峯ヶ塚 출토
5. 일본 츠카마와리塚廻り 4호분 출토 큰칼 모양 하니와

그림1 꼰환두대도

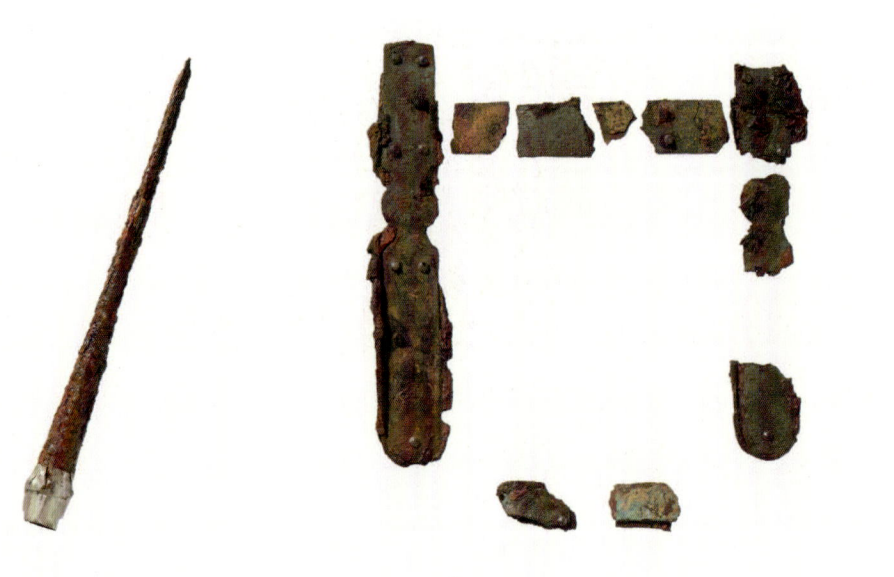

그림2 신덕 1호분 출토 단면 삼각형 투겁창 **그림3** 신덕 1호분 출토 화살통 장식구

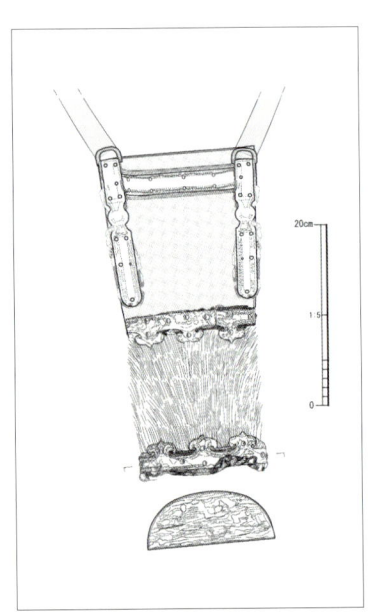

그림4 화살통 도면(추정 복원도)

03 무덤 속 비밀의 실마리

죽음 후에도 누리고 싶었던 삶의 방식

신덕 1호 무덤의 돌방 안에는 장신구, 무기류뿐만 아니라 손칼, 도끼, 삽날 등 실생활에서 두루 사용했던 물건들도 묻혀 있었다. 죽은 사람이 저승에 가서도 살았을 때 누렸던 생활 방식을 이어갈 수 있도록 배려한 옛 사람들의 생각이 잘 드러난다. 하지만 실제 생활에서 사용하기에는 도끼나 삽날의 크기가 작고 실용성도 떨어진다. 이처럼 실생활에 사용하지 못할 정도로 작은 것은 매장 의례용 모형 철기로 보인다. 모형 철기는 대가야의 문화권에서 주로 발견되며, 영산강유역에서는 신덕 고분 바로 옆에 위치한 만가촌 고분군에서 비슷한 모형 철기가 발견된 바 있다. 주로 농구, 공구를 대상으로 제작되기 때문에 무덤 주인공의 생산·경제력을 상징하는 유물이었을 것으로 보인다.

얇은 원판모양 철기는 가운데 2개의 작은 구멍이 있고 철을 두드려서 만든 단조 기법을 사용하였다. 현재까지 우리나라에서 유일한 사례이며 출토 상태를 정확히 알 수 없는 압수품이기 때문에 용도를 알 수 없다.

쇠도끼

34

쇠도끼
鐵斧
Iron Axes

길이(왼쪽 아래) 7.3cm

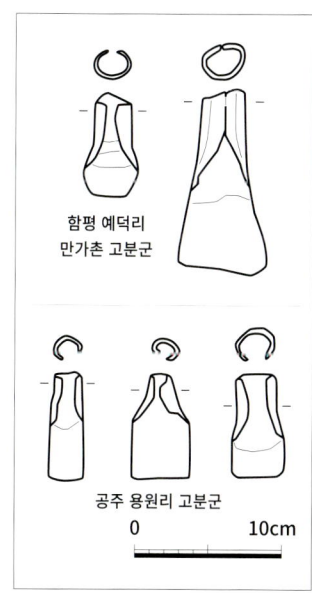

함평 예덕리 만가촌 고분군

공주 용원리 고분군
0   10cm

쇠삽날, 쇠낫

35

보습모양 철기와 쇠낫
犁形鐵器·鐵鎌
Plowshare-shaped Ironwares
and Iron Sickles

길이(보습모양 철기, 아래) 9.4cm

원판모양 철기

36

원판모양 철기
圓板形鐵器
Cirlcle-shaped Ironwares

지름 11.4~15.7cm
두께 0.16~0.2cm

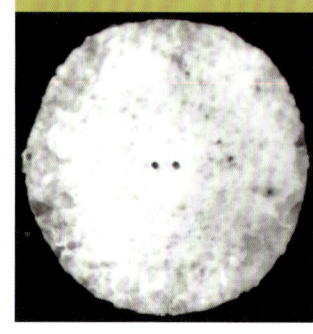
원판모양 철기 X-ray

03 무덤 속 비밀의 실마리

말을 갖추어 입히다

고대 사회에서 말은 축력을 제공하여 인간의 삶에 윤택함을 주는 귀중한 존재였다. 하지만 말은 길들이기 까다롭고 꾸준히 관리해주어야 하기 때문에, 생활 조건이 현대에 비해 열악했던 당시에는 유지하기 쉽지 않은 동물이었을 것이다.

함평 신덕 1호분의 돌방에서는 재갈, 발걸이, 말띠꾸미개 등 여러 말갖춤이 출토되었다. 이 말갖춤들은 백제에서 만든 것으로 보이는데, 말을 조종하는 데 필요한 재갈뿐만 아니라 발걸이, 은장식 말띠 꾸미개 등 장식에 특화된 부품도 있다. 특히 연꽃 모양의 장식을 부착한 말띠꾸미개는 말의 엉덩이를 장식하는 부품으로, 이렇게 크고 화려한 것은 신덕 고분 출토품을 포함해 한국에서 2점만 확인된다. 즉, 무덤의 주인공은 기마騎馬라는 당시 최첨단 기술을 이용할 수 있었고, 이를 화려하게 장식할 정도로 강력한 권력을 가졌던 것으로 보인다.

재갈

37

재갈
鑣轡
Horse Bit

길이(인수, 왼쪽) 18.2cm

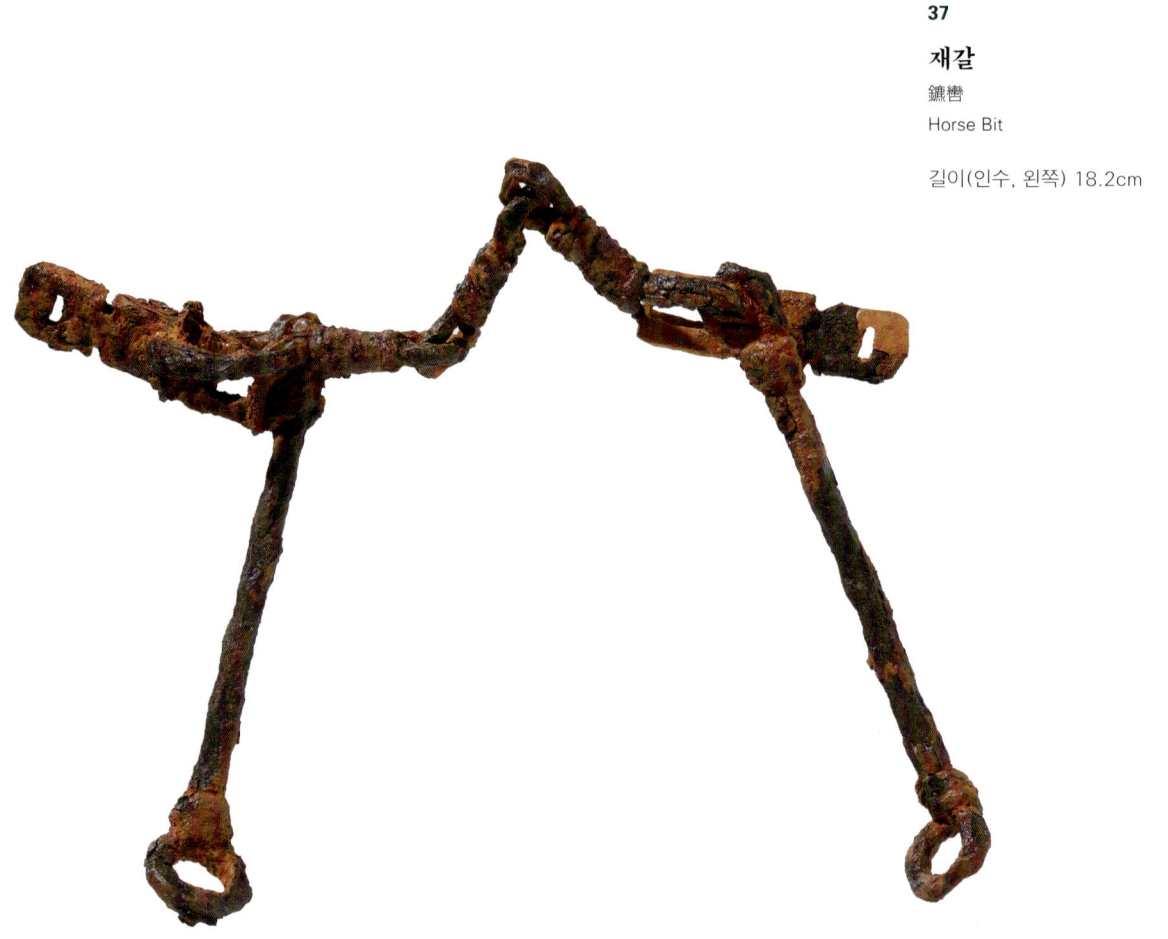

발걸이

38

발걸이
壺鐙
Stirrups

길이(오른쪽) 26.6cm

발걸이(앞, 옆, 뒷면) 전시 연출 모습

말띠꾸미개, 띠고리

39

말띠꾸미개
雲珠·辻金具
Harness Fittings

길이(가운데) 14.6cm
높이 5.7cm

40

띠고리
鉸具
Iron Buckles

길이(왼쪽) 8.0cm

함평 예덕리 신덕고분 출토 말갖춤의 특징과 제작지

칼럼 9

노형신

현재까지 확인된 14기의 장고분 가운데, 삼국시대의 말갖춤이 식별 가능한 상태로 온전히 출토된 고분은 함평 예덕리 신덕 고분과 고창 칠암리 고분뿐이다. 그렇지만 고창 칠암리 고분은 파괴가 심해서 말띠꾸미개 1점만 확인되었을 뿐이다. 따라서 장고분 출토 말갖춤의 구성이 온전히 확인된 곳은 함평 신덕 고분이 유일하다. 신덕 고분에서 출토된 말갖춤의 특징을 검토하고 그 제작지를 추정해보고자 한다.

신덕 1호 무덤 출토 말갖춤의 검토

함평 예덕리 신덕 1호 무덤의 돌방에서는 재갈 1점, 발걸이 2점, 말띠꾸미개 4점, 미상 장식부품 3점, 띠고리 5점이 출토되었다.

재갈은 재갈멈치로 유기물의 표비鑣를 사용하는 표비인데, 표는 남아있지 않고 장윤정 분류 판상괘류식板状掛留式의 입문용금구만 남아있다. 함은 3개를 이어 붙인 형식3연식으로, 철봉을 구부려 양 끝에 고리를 만든 후 철봉의 끝 부분을 철봉 본체에 감는

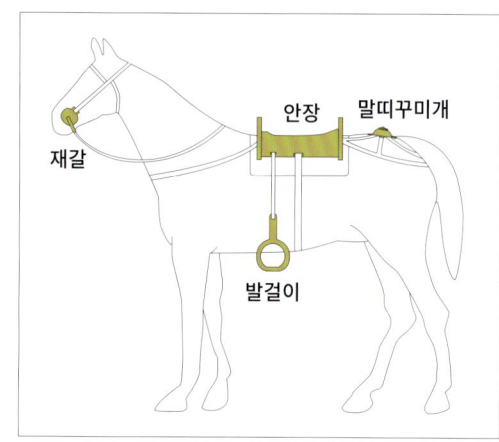

도면1 말갖춤의 위치와 명칭

방법을 사용한다. 인수는 1조의 철봉을 구부려 양 끝에 고리를 만든 후 철봉의 끝 부분을 철봉 본체에 3바퀴 정도 감고 외환을 구부려 국자형으로 만들었다. 함과 인수를 연결해주는 유환은 존재하지 않는다.

발걸이는 발을 주머니처럼 감싸는 형태인 호등壺鐙인데, 나무는 모두 부식되고 철판만 남아있다. 철판의 구성으로 보았을 때 한 쌍의 호등으로 추정 가능하다. 호등은 나무로 만든 구조의 외면을 4장의 철판으로 덮고, 못을 이용하여 고정시켜 보강한 구조이다. 현재 잔존 상태로 보았을 때, 철판은 병부 전면에서 호부 상면, 병부 후면에서 윤부 후면 상반부, 병부에서 윤부로 이어지는 외측면, 윤부 내측면에 보강되는 형태였을 것으로 추정된다. 호부 고정금구구흉금구는 호부를 모두 감싸지 않고 상면만 일부 보강하는 구조이고, 그 끝은 각을 주어 뾰족하게 마무리하였다.

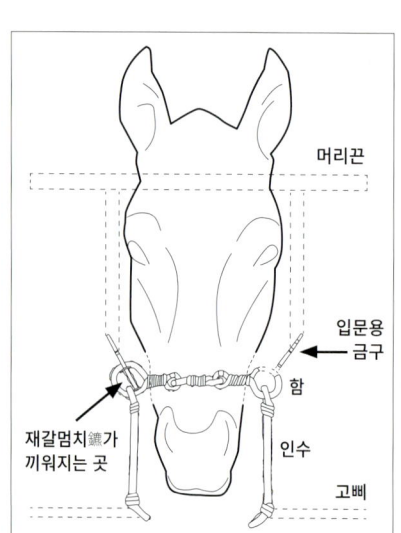

도면2 함평 신덕 1호 무덤 출토 재갈의 사용 방법

말띠꾸미개는 말 엉덩이 가운데를 장식하는 운주雲珠 1점과 가죽끈이 교차하는 부분을 장식하는 십금구辻金具 3점으로 구분된다. 운주는 연꽃모양 장식 철지은장 발상 운주인데 각부가 결실된 부분이 많지만 8각으로 추정되고, 발부와 각부가 일체형이다. 각부에서 원형의 못과 책금구를 이용하여 가죽끈을 고정시킨 것으로 보인다. 발부 정상부에는 2장의 연꽃모양 좌금구를 얹고 보주형의 꼭지를 중앙에 끼워 발부와 결합시켰다. 연꽃모양 장식은 8장의 연꽃잎을 표현하였다. 보주형 장식, 연꽃모양 좌금구,

각부는 은으로 장식하였으나, 발부 표면에는 별다른 장식을 하지 않았다. 십금구는 철지은장 발상 십금구인데 각부가 4각이고, 발부와 각부가 일체형이다. 각부에서 원형의 못과 책금구를 이용하여 가죽끈을 고정시킨 것으로 보인다. 운주와는 다르게 발부와 각부를 모두 은으로 장식하였다. 같은 재질을 가지는 점, 기타 운주나 십금구가 출토되지 않은 점으로 보아 운주 1점과 십금구 3점은 1개의 세트로 사용되었을 가능성이 높다. 이처럼 함평 신덕 1호 무덤에서 출토된 말갖춤의 조합으로 보았을 때 제어구, 안정구, 장식구로 구성된 1개의 말갖춤 세트가 돌방에 부장되었을 것으로 판단할 수 있다. 안장은 출토되지 않았으나, 좌금구가 부착된 띠고리가 1점 출토되어 안장이 존재하였을 가능성을 시사한다.

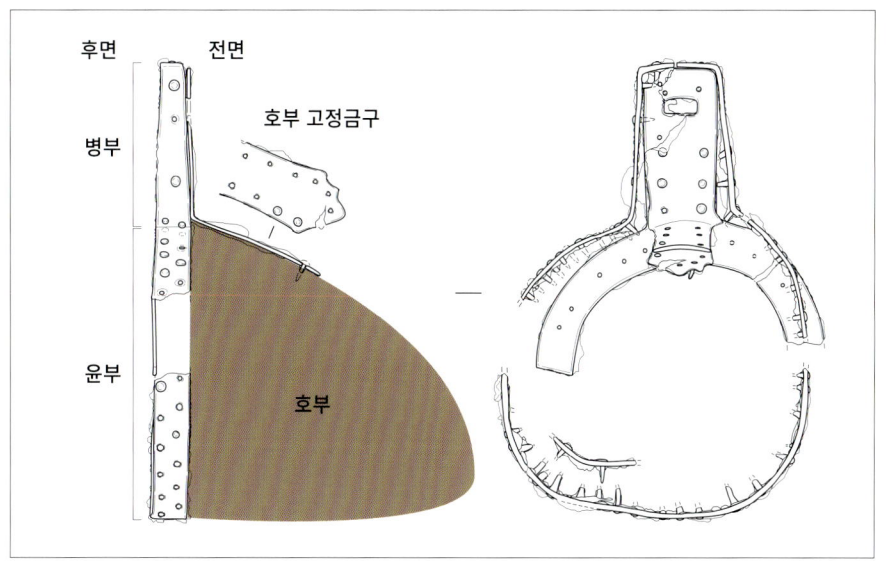

도면3 함평 신덕 1호 무덤 출토 발걸이의 복원도(諫早直人 2021 도면 수정)

도면4 함평 신덕 1호 무덤 출토 말띠꾸미개의 부위별 명칭

1. 나주 송제리 고분의 돌방 바닥 퇴적토에서 1쌍의 철제발걸이, 장니교구와 함께 동제 잔, 장식도자, 은장식 관못 등이 출토되었다.
2. 李尙律(2007) 분류안의 Ⅰb식, 김낙중(2010) 분류안의 Ⅰ류

신덕 1호 무덤 출토 말갖춤의 연대와 제작지

다음으로 신덕 고분 출토 말갖춤과 형태적으로 유사한 자료를 살펴보고 그 연대와 제작지를 파악해보고자 한다. 함평 신덕 1호 무덤 출토 표비는 3연식의 함, 철봉의 끝을 감아 함과 인수의 내외환을 제작하는 기법이 특징적이다. 이 두 요소를 완벽히 공유하는 자료로는 경주 월성로 가-1호 무덤 출토 표비, 경주 쪽샘지구 B4호분 출토 원환비, 함안 말산리 451-1번지 채집 원환비가 있다. 그리고 동일한 고리 제작기법을 가지면서 함이 2연식인 재갈로 범위를 확장하면, 고성 송학동 1A-11호 출토 원환비, 아차산 4보루 출토 표비, 논산 모촌리 93-4호 출토 원환비, 상주 헌신동 34호 출토 표비, 안동 조탑리 92-2-3호 출토 표비, 울산 하삼정 280호 출토 표비도 이러한 형식의 재갈에 포함시킬 수 있다. 이처럼 신덕 1호 무덤 출토 표비와 비슷한 특징을 보이는 재갈의 공통점은 표비와 원환비에서만 확인된다는 것, 그리고 모두 5세기 말~6세기 중엽에 해당하는 재갈이라는 것이다. 이 중 가장 이른 시기인 5세기 말의 원환비가 출토된 논산 모촌리 고분군이 백제지역에 속하는 것을 감안하면, 이러한 형태의 재갈은 백제에 기원을 둘 수 있다. 또 쪽샘지구 B4호분에서 원환비와 함께 장니교구가 출토되어있는데, 이것이 무령왕릉을 비롯한 백제 중앙의 유물이 다수 출토된 나주 송제리 고분의 장니교구와 유사하다는 점을 참고하면 이러한 특징을 보이는 재갈은 백제에서 유래하였을 것으로 추정할 수 있다.[1] 함평 신덕 1호 무덤 출토 호등은 5세기 중엽으로 편년되는 공주 수촌리 Ⅱ-3호분 출토품을 조형으로 하는 백제계 호등[2]으로 인식된다. 이 분류 기준에 따르면 백제계 호등은 호부 고정금구가 길게 늘어져 발을 놓는 부분까지 이어지고 병부 전면의 철판이 1매로 구성된다. 반면 대가야계 호등은 호부 고정금구가 짧아 호부의 상면만 살짝 덮고, 병부 전면의 철판이 2매로 구성되는 특징이 있어 서로 구분된다. 신덕 1호 무덤 출토 호등은 병부 전면의 철판이 1매로 구성되지만 호부 고정금구가 상대적으로 짧고 그 끝을 뽀족하게 마무리하기 때문

도면5 함평 신덕 1호 무덤 출토 재갈의 참고 자료

에 백제계와 대가야계의 요소가 혼재되어 나타난다. 그 중 호부 고정금구의 끝을 뾰족하게 만드는 특징은 백제계 호등인 남원 두락리 32호분과 대가야계 호등인 합천 옥전 75호분, 합천 반계제 다A호분 출토품에서 확인되는 특징이다. 남원 두락리 32호분은 출토된 토기, 거울의 편년으로 볼 때 5세기 4/4분기로 편년된다. 이곳에서 금동신발이 출토되었는데 문양으로 볼 때 백제계로 여겨진다. 또 합천 옥전 75호분에서는 오동선 분류 A2식의 화살통 장식이 공반되는데, 이 형식은 마한·백제의 고유형식으로 이해된다. 이를 종합하면 신덕 고분 출토 호등은 백제계가 분명한 것으로 보이지만, 대가야적 요소도 일부 혼재된 것으로 보인다.

함평 신덕 1호 무덤 출토 연꽃모양 장식 발부일체반구형 8각 운주의 재질은 철지은장鐵地銀裝이다. 이와 형태적으로 유사한 의령 경산리 2호 출토품이 이현정 분류 ⅢB단계로 5세기 말~6세기 중반에 해당하기 때문에 비슷한 시기일 것으로 판단된다. 발부의 연꽃모양 장식이 공주 무령왕릉 출토 동탁은잔의 연꽃모양 장식과 유사하여 백제에서 제작되었을 것으로 보는 의견이 대표적이다. 반면 신덕 출토품의 발부가 완전한 반구

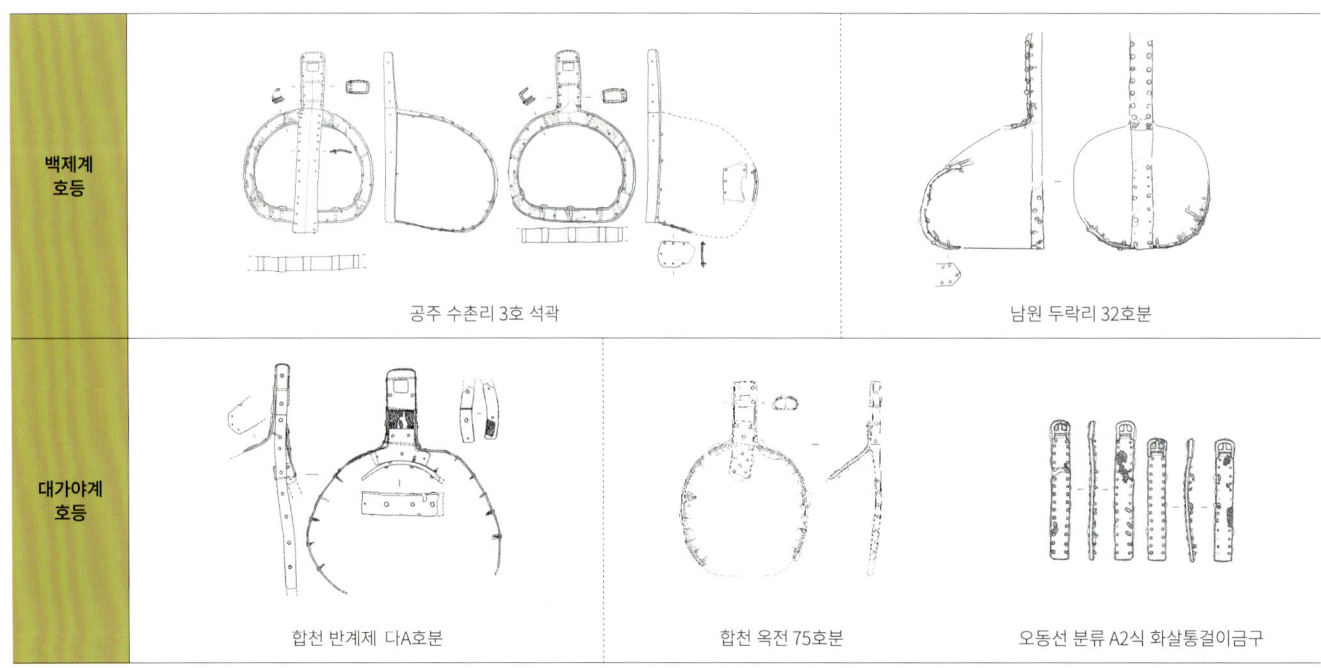

도면6 함평 신덕 1호 무덤 출토 호등의 참고 자료

형을 이루는 것과 다르게 경산리 출토품은 발부에 단이 형성되어 있고, 대가야양식 토기가 공반되었다는 것을 근거로 제작지를 대가야로 본 견해도 있다. 하지만 경산리 2호분에서 운주와 함께 공반된 철제 발걸이가 앞에서 언급하였던 나주 송제리 고분의 철제 발걸이와 유사하다는 점을 참고하면 연화문 운주의 제작지는 백제일 가능성이 높을 것으로 추정할 수 있다.

함평 신덕 1호 무덤 출토 발부일체반구형 4각 십금구의 재질은 철지은장鐵地銀裝이다. 이현정 분류 ⅢB단계로 5세기 말~6세기 중반에 해당한다. 고창 칠암리 고분靑銅地金裝, 나주 복암리 3호분 96호 돌방鐵地金裝, 경주 미추왕릉 제7지구 3호 적석분 출토품鐵製과 유사한 형태이지만 재질에서는 차이점을 보인다. 복암리 96 돌방 출토품, 경주 미추왕릉 출토품은 발부에 원형 장식이 있다는 점에서 차이점을 보이지만 대체로 형태는 유사하다. 신덕 1호 무덤 출토 십금구는 동반된 연꽃모양 장식 운주와 제작 기법과 재질이 같고, 각부의 너비가 같아 같은 가죽끈을 공유한 1개의 세트로 여겨지기 때문에 운주와 같이 백제계로 볼 수 있다.

위에서 살펴본 신덕 고분 출토 말갖춤의 특징을 종합해보면, 연대는 백제의 웅진기A.D. 475~538년에 해당하고 대부분 그 기원을 백제로 볼 수 있다. 또 비슷한 형태의 말갖춤이 출토된 유적도 백제와 관련된 유구나 유물이 확인되는 곳이 많기 때문에 신덕 고분 출토 말갖춤은 백제의 장식 말갖춤이라고 보아도 무방하다.

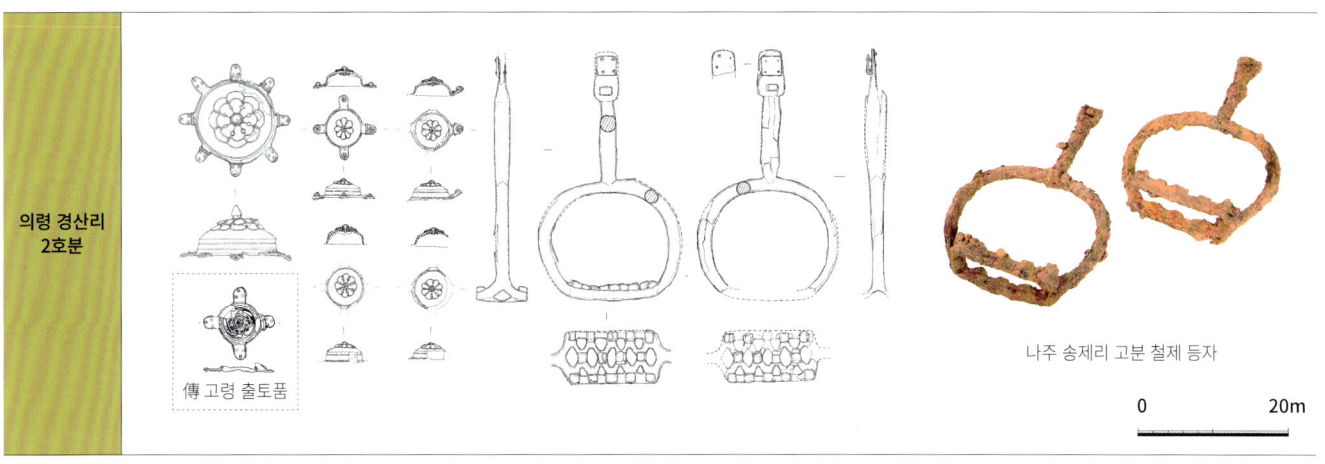

도면7 함평 신덕 1호 무덤 출토 운주 및 등자의 참고 자료

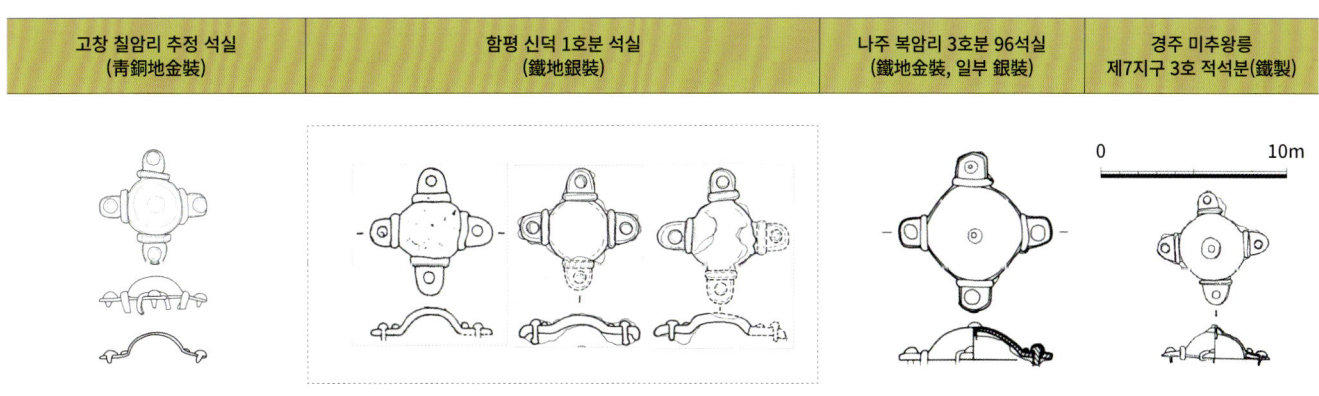

도면8 장고분 출토 십금구의 참고 자료

참고문헌

김낙중, 2010, 「榮山江流域 古墳 出土 馬具 硏究」, 『韓國上古史學報』 69, 韓國上古史學會.
노형신, 2020, 「장고분 출토 마구의 특징과 부장 배경」, 『장고분의 피장자와 축조배경』, 마한연구원 총서8.
柳昌煥, 2004, 「百濟馬具에 대한 基礎的 硏究」, 『百濟硏究』 40, 충남대학교 백제연구소.
오동선, 2018, 「삼국시대 화살통의 등장과 전개과정」, 『韓國考古學報』 109, 韓國考古學會.
李尙律, 2007, 「삼국시대 호등의 출현과 전개」, 『韓國考古學報』 65, 韓國考古學會.
諫早直人, 2021, 「함평 신덕 1호분 출토 마구의 계보와 제작지」, 『함평 예덕리 신덕고분』, 국립광주박물관.

04

반듯한 돌방 속 시대의 반영

죽음이 이보다 더 반듯할 수 있을까 싶다.
틈새가 보이지 않는 무덤 속에서
떠나간 이들은 무엇을 두고 갔을까?

신덕 2호 무덤은 1호 무덤과 다르게 둥그란
형태의 무덤이다. 그 안에서 확인한 돌방의 단면
모양은 백제의 수도였던 사비에서도 계급이 높은
무덤에서만 발견되는 육각형이다. 이러한 돌방이
수도에서 먼 위치에서 발견된다는 것은 백제 중앙
세력이 지방을 지배하는 방식을 이해하는 데
중요하다. 더불어 이러한 백제 고위층의 무덤을
장고분인 1호 무덤 바로 옆에 만들었다는 점은,
장고분이라는 독특한 무덤이 전남지역에 존재하는
이유를 알려주는 또 다른 중요한 근거가 될 수 있다.

04 반듯한 돌방 속 시대의 반영

정해진 육각형 틀의 의미

신덕 2호 무덤은 1호 무덤의 북서쪽에 위치하는데, 외형상 남-북으로 약간 길쭉한 타원형으로 직경 약 14m, 높이 약 1.5m이다. 1호 무덤보다 상대적으로 높이가 낮고 크기가 작다. 무덤의 주변에는 외곽을 따라 무덤을 전체적으로 감싸는 긴 도랑周溝이 만들어졌다. 무덤 안에서는 굴식돌방무덤이 확인되었다. 널길은 짧고 깬 돌과 판석을 사용하였으며, 폐쇄석도 일부 확인되었는데 문비석은 발견되지 않았다. 돌방은 잘 다듬은 판석을 이용하여 단면 육각형으로 축조하였다. 돌방 내부는 오래 전에 이루어진 도굴 때문에 이미 바닥돌이 마구 뒤집혀 있는 등 훼손이 심했다. 그래서 돌방 내부에서는 널못 5점만 확인할 수 있었다. 돌방 입구에서 분구 끝자락까지 길게 이어지는 배수 시설도 조사되었다.

토기 조각, 돌화살촉, 쇠낫

41

토기 조각, 돌화살촉, 쇠낫
(2호 돌방 트렌치)
土器片·石鏃·鐵鎌
Shards of Pottery,
Stone Arrowhead, Iron Sickle

길이(돌화살촉) 6.0cm

2호 돌방 도랑 조사

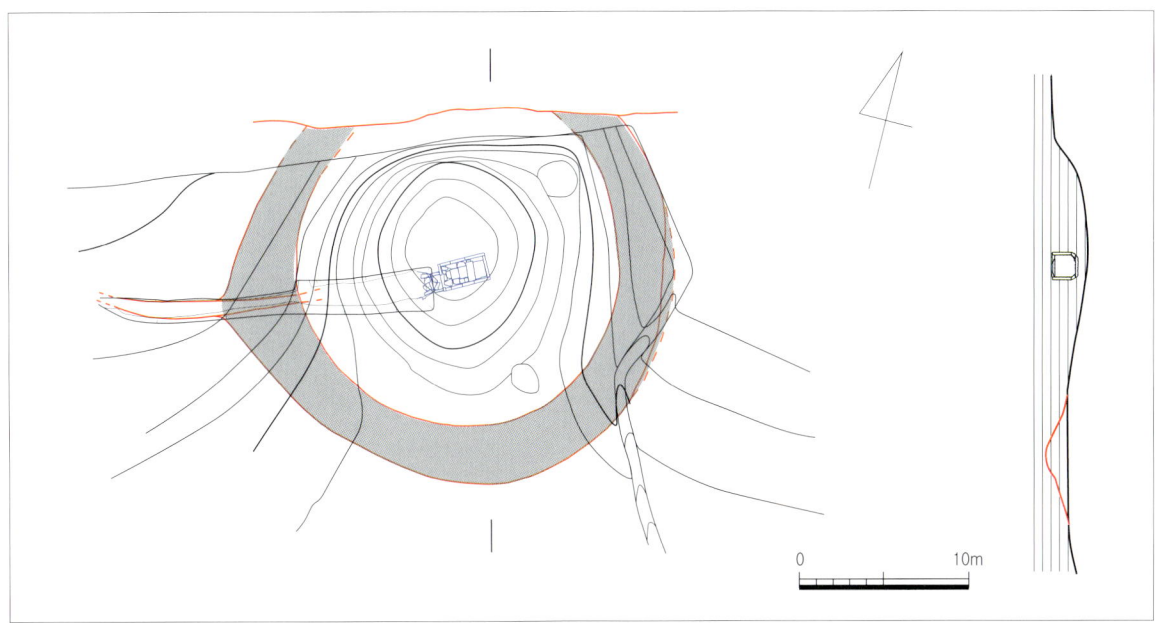

2호 돌방 위치도

2호 돌방 트렌치 조사 전경

널못

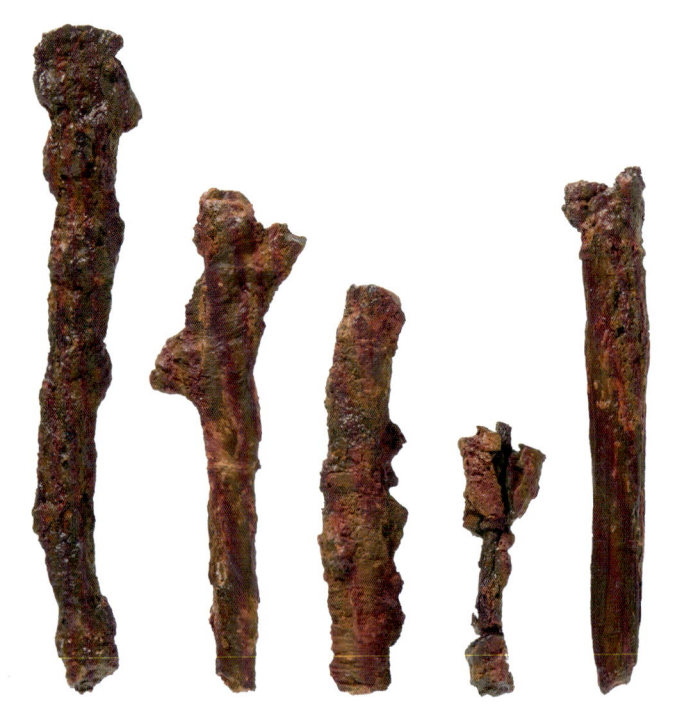

42

널못(2호 돌방)
棺釘
Coffin nails

길이(왼쪽) 4.1cm

2호 돌방 입구 조사 과정(폐쇄석 제거 과정)

2호 돌방 내부 모습

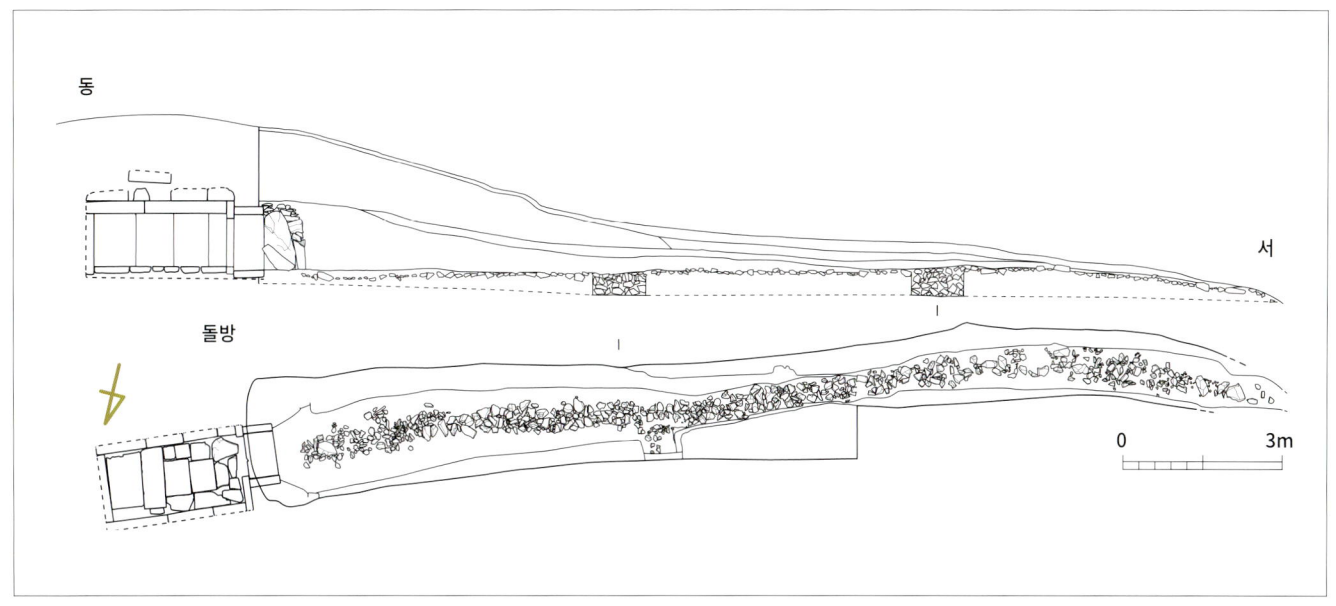

2호 돌방 및 배수 시설 평·단면도

2호 돌방 배수 시설

신덕 2호 무덤의 돌방은 축조 기법이나 형태로 보아 백제의 마지막 수도였던 사비현재의 충남 부여군에서 유행한 형태와 유사하다. 6세기 중엽 이후부터는 영산강유역에서도 이러한 형태의 돌방들이 흔히 사용되어, 이를 백제 중앙이 이 지역을 직접 지배하였다는 증거로 보기도 한다.

신덕 2호 무덤의 돌방은 단면이 육각형이고, 바닥의 가로/세로 비율이 1:2이다. 이러한 특징은 사비기 돌방 중에서도 왕족이 묻혔던 것으로 보이는 능산리 고분군에서 주로 사용되는 것으로, '능산리형 돌방'에 해당한다. 영산강유역에서는 신덕 2호분의 돌방이 유일하게 '능산리형 돌방'의 규격과 형태를 보이고 있어, 무덤의 주인공이 수도인 사비에서 직접 파견된 백제의 관리였을 가능성을 보여준다.

2호 돌방의 모양

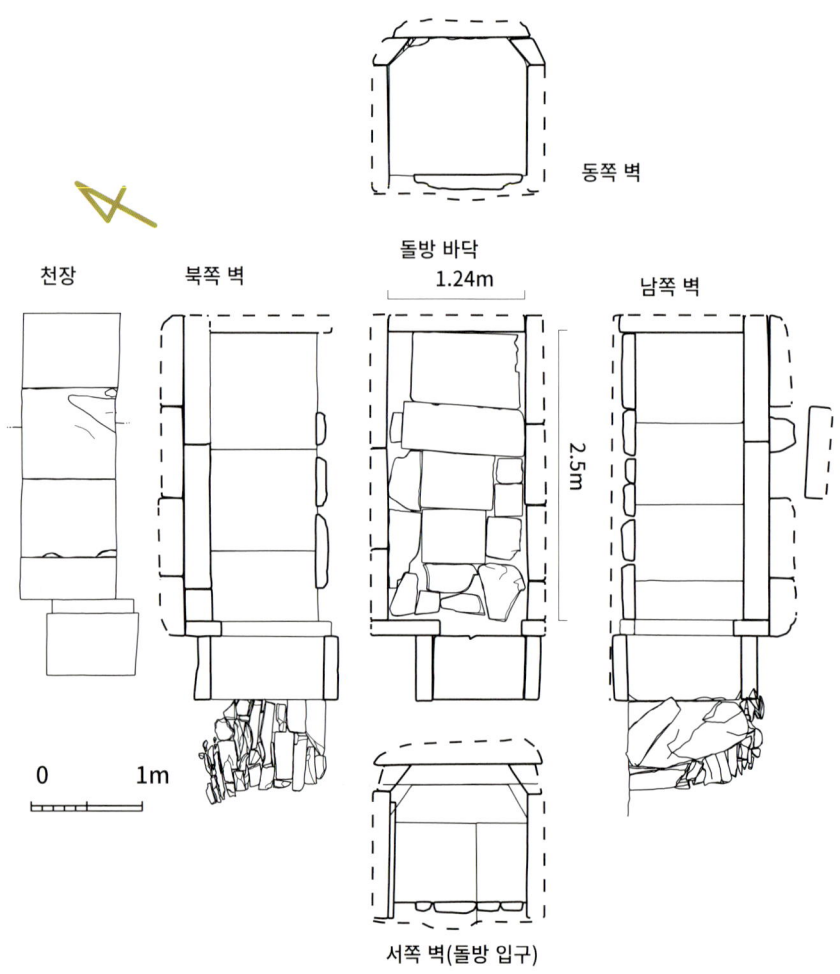

호남지역 백제 사비기 돌방의 위치

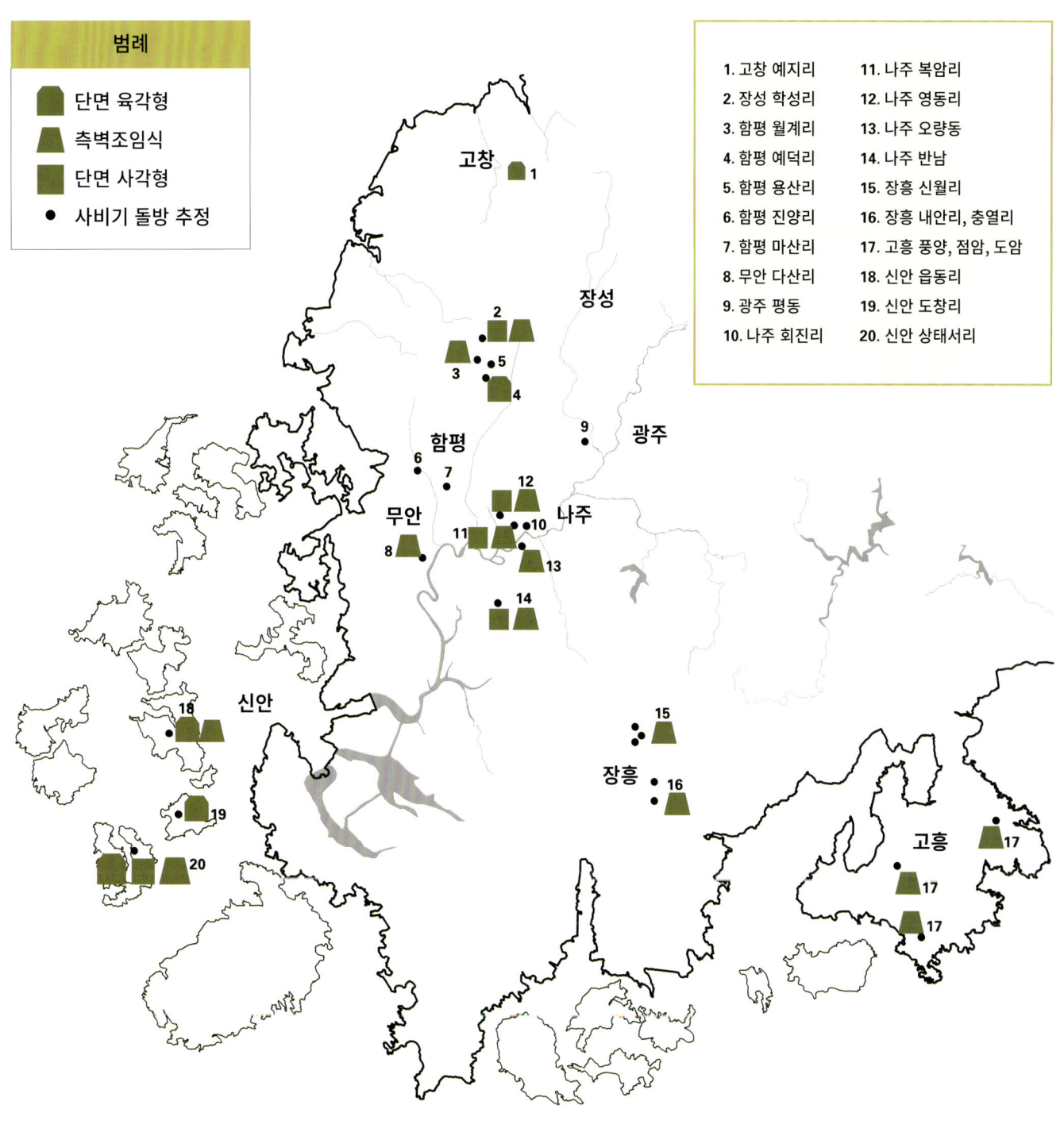

칼럼 10

백제 사비기 능산리형 돌방무덤과 함평 신덕 2호분

최경환

능산리형 돌방무덤

고대의 무덤은 당시 사람들의 사후 세계에 대한 생각이 농축된 공간이다. 그중에서 삼국시대 후기의 돌방무덤은 설계 사상의 단일성과 실현 과정의 다양성을 겸비하였으며 게다가 넓은 영역에 걸쳐 건설되었다. 이는 무덤의 분포를 바탕으로 정치체의 통치 영역에 대한 검증과 무덤의 시간성 그리고 무덤 주인의 위상을 검토할 수 있도록 해준다. 나아가 당시의 통치행위나 정치 상황에 대해서도 간접적이지만 중요한 정보를 제공한다山本孝文 2005.

백제는 한성기漢城期부터 수도 안팎의 지배계층 무덤으로 돌방무덤을 세우기 시작하였으며, 웅진기熊津期 475~538에는 깬돌을 쌓은 궁륭식穹隆式 천장의 돌방을 왕실의 무덤으로 채택했다. 웅진기의 왕릉이자 현재 7기가 정비되어 있는 공주 송산리 고분군宋山里古墳群은 대부분 궁륭식 천장의 돌방무덤이지만, 무령왕릉武寧王陵과 송산리 6호분은 중국 남조南朝 국가인 양梁의 무덤을 본떠 만든 벽돌무덤전축분塼築墳이다. 백제의 벽돌무덤은 웅진기에만 잠시 건설되었으나 대신 터널형 돌방이라는 구조는 사비기538~660의 초기 왕실 무덤으로 이어졌다.

부여 능산리 고분군陵山里古墳群은 오늘날 부여읍을 감싸고 있는 나성羅城의 외곽 동쪽에 위치한다. 부여 능산리 고분군은 동쪽과 서쪽 그리고 중앙부에 있는 각각의 무덤군으로 이루어졌다. 총 16기가 분포하는데, 그중 무덤 규모와 석재의 가공 수준으로 보아 왕릉으로 생각되는 중앙의 고분군은 3기씩 2열을 이루며 6기, 뒤쪽 능선 경사면에 1기 등 총 7기가 복원되었다. 실제로 중앙고분군은 시간에 따른 무덤 구조의 변화를 잘 담고 있다. 그중 중하총中下塚은 돌로 쌓은 무덤이지만, 천장의 단면 모습이 무령왕릉과 같은 터널식이어서 사비기 가장 이른 왕릉으로 본다李南奭 2000. 중앙고분군을 포함한 부여 능산리 고분군의 돌방무덤은 단면 터널식을 거쳐 단면 육각형서상총·동상총 등과 단면 사각형서하총·동하총, 서고분군 1·2호분 등으로 변화해갔다오동선 2019, 218쪽·서현주 2017. 한편 부여가 아닌 곳에 묻힌 것으로 추정되는 무왕재위 600~641의 익산 쌍릉은 부여의 왕릉급 돌방무덤과 비교해도 가장 크고 정교한 석재 가공 수준을 보여준다이성준 외 2018.

부여 능산리 고분군의 돌방무덤들은 잘 가공한 돌로 벽과 바닥 그리고 천장을 마감했으며, 무덤 평면의 길이와 너비의 비율이 2:1을 의도한 것이 상당수이다. 부여 능산리 고분군의 무덤 구조는 광주·전남을 비롯한 사비기 백제의 통치 영역 안에 있는 여러 고분들의 정형화와 규격화를 촉진했다. 사비기 왕실 무덤의 전체 또는 일부 속성이 왕족이나 귀족, 지방 관료의 무덤 구조에도 관철되었다는 점에서 사비기 백제 중앙의 돌방무덤과 그에 영향을 받은 각종 형식의 무덤을 아울러 '능산리형 석실' 또는 '백제후기형석실'등으로 부르곤 한다. 또 2:1이라는 길이와 너비의 비율을 가리켜 '능산리 규격'이라는 용어를 사용하기도 한다山本孝文 2005. 그러나 이 규격과 사용 석재, 가공 기술 등은 중앙에서 멀어질수록 느슨해지고 지역성도 강해졌다는 점도 감안해야 한다. 이 글에서는 이러한 범주에 들어가는 돌방무덤들을 포괄해 능산리형 돌방무덤으로 부른다.

능산리형 돌방무덤에는 부장품이 거의 없는데, 도굴의 영향도 무시할 수 없지만 일반적으로 불교의 박장薄葬 중시와 관료제도가 뿌리내린 결과로 해석하고 있다. 다만 은제꽃무늬장식銀花冠飾이나 허리띠장식銙帶金具 등이 간혹 발견되곤 한다. 『삼국사기三國史記』권24 고이왕古爾王 27년조에는 16관등 중 6품인 나솔奈率 이상이 착용할 수 있는 은꽃으로 장식한 관장식에 대한 기록이 있다. 이렇듯 은제관꾸미개는 사비기 백제 관료제도를 문헌 및 고고학적으로 뒷받침해주는 자료다. 은제관꾸미개는 현재까지 14점이 발견되었는데, 이중 웅진기 말에 해당하는 것으로 추정하는 나주 송제리 고분 출토 1점과 익산 미륵사지 서탑 심주석 출토 2점, 해남 남치리 고분 출토 1점을 제외한 10점이 능산리형 돌방무덤에서 수습되었다. 광주·전남지역에서는 나주 복암리 3호분의 5호·16호 돌방무덤과 나주 흥덕리 돌방무덤 출토품이 있다.

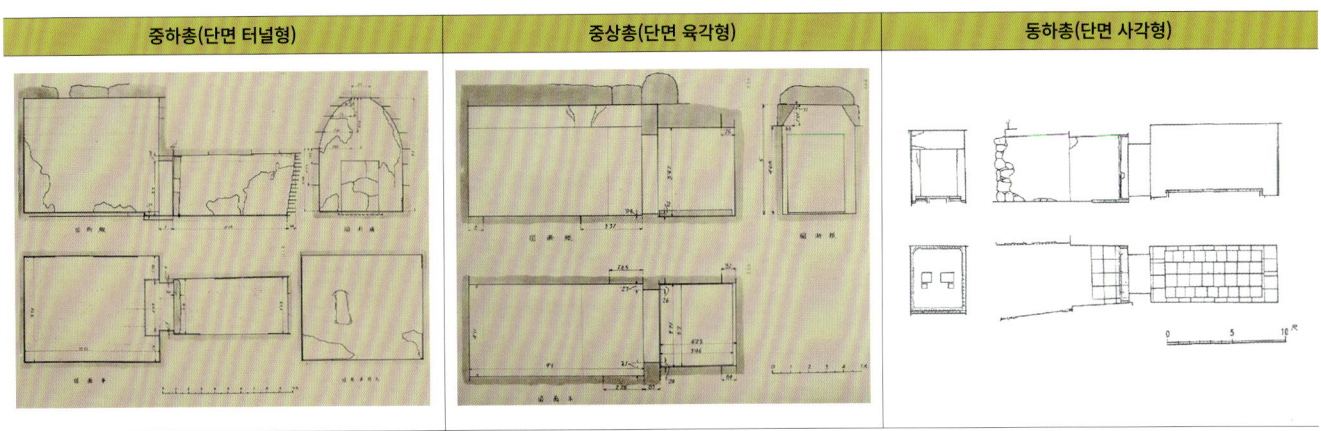

도면1 능산리고분군 중 중앙고분군 돌방무덤

광주·전남의 능산리형 돌방무덤

광주·전남의 능산리형 돌방무덤은 영산강 중류와 하류, 함평천유역, 고막천유역, 서해안 도서지역, 탐진강유역 등에 있다. 광주·전남 능산리형 돌방무덤의 구조 속성은 무덤방의 평면과 단면, 석재 선택과 가공 수준, 무덤 입구의 구조 등으로 살필 수 있다. 백제 중앙의 능산리 고분군과 관료 및 귀족의 무덤인 부여 능안골·염창리, 논산 육곡리, 익산 성남리 고분 등과 비교하면 전형성이 높은 돌방무덤은 많지 않은 편이다김낙중 2021. 신안 도창리 고분과 함평 신덕 2호분의 돌방은 정교하게 가공한 판돌을 사용한 점에서 가장 전형적인 단면 육각형의 능산리형 돌방무덤이라 할 수 있다. 신안 도창리 고분은 판돌 1매를 세워 뒷벽으로 삼고 좌우에는 2매의 판돌을 세워 측벽으로 만들었다. 그 위에 1매씩의 긴 판돌을 놓고 친장돌을 덮어 무덤방 단면은 육각형을 이룬다. 또 무덤문玄門 양쪽에 기둥돌 2매를, 기둥돌 위에는 오각형 이맛돌을 놓았다. 짧은 널길羨道의 좌우에는 판돌을 세워 두었다. 비록 평면 길이와 너비의 비례가 1.45:1을 보이지만 석재의 가공 수준만 보면 백제 중앙의 최상위 돌방무덤과도 견줄 수 있다. 나주 영동리 1호분 5호 돌방, 장성 학성리 고분군, 함평 석계 고분군, 신안 상서 고분군의 능산리 형돌방무덤이 이 구조를 의식하여 만들어졌지만 완성도는 훨씬 떨어진다. 가장 늦은 시기에는 이 구조를 본뜨되 단장單葬의 유행으로 널길은 생략한 이른바 횡구식橫口式 돌방무덤도 성행했다. 이러한 구조의 돌방무덤은 장성 학성리 고분군, 함평 용산리 2호분, 장흥 신월리 고분군에서 확인됐다.

또 다른 능산리형인 단면 사각형 돌방무덤은 나주 복암리 고분군, 복암리 정촌 고분 3호 돌방, 영동리 1호분 4호·6호 돌방, 대안리 4호분 등에서 찾아볼 수 있다. 나주 일대는 5세기 이후 광주·전남지역 특히 영산강유역의 중핵지역이라 할 수 있다. 그중 나주 복암리 3호분 7호 돌방무덤은 뒷벽에 가공한 판돌 1매를 쓰고, 좌우 측벽에는 가공 판돌 2매를 세운 후 전정돌 2매로 마감된 구조다. 측벽 판돌 2매기 맞닿은 부분은 'L'지로 가공해 서로 맞물리도록 안배했다. 바닥에는 역시 가공한 판돌 3매를 깔았다. 무덤문 오른쪽 기둥돌을 세우지 않아 널길이 치우쳤으며, 널길의 좌우 측벽에는 가공한 판돌 2매를, 천장에는 3매를 썼다최영주 2018.

나주 복암리 3호분의 능산리형 돌방무덤의 평면 길이는 250cm, 너비는 150cm 내외에 분포하여 전형적 능산리형 돌방무덤 보다 폭이 길다. 신안 도창리 고분이나 함평 신덕 2호분의 돌방무덤에 비해 지역색이 강한 편이지만, 은제관꾸미개, 금 장식, 규두대도圭頭大刀와 같은 왜계 장식칼 등이 출토되었기 때문에 그 정치적 위상은 높았던 것으로 판단할 수 있다. 이를 두고 마한 분구묘 전통에서부터 이어져 온 오랜 다장多葬 풍습으로 백제 중앙의 단장 기조와는 다르게 다장을 의도한 결과로 보고 있다. 나아가 백제 중앙과의 연계는 인정하면서도 별개의 정치세력으로 이해하려는 연구도 있다김낙중 2009.

한편 능산리형 돌방무덤이 광주·전남지역에 정착하기 이전 영산강유역에는 복암리 3호분 96호 돌방무덤과 같이 백제 웅진기 돌방 구조나 왜계 규슈 지역의 돌방 구조를 부분 채택한 형식이 있었다. 넓적한 돌이나 깬돌로 방을 만들었으며 능산리형 돌방무덤보다는 큰 편이었다. 그런데 6세기 후엽부터 능산리형 돌방무덤처럼 작아지고 부분적으로 가공한 판돌을 사용한 무덤이 나타나기 시작했다. 비록 정확하지는 않지만 돌방의 소형화에 발맞추어 평면의 비율도 능산리형 돌방무덤을 의식하였던 것으로 보인다. 이중 나주 복암리 3호분 5호 돌방무덤은 단면 사다리꼴 또는 측벽조임식측벽이 위쪽으로 올라갈수록 안쪽으로 기움 및 문틀 구조를 보여준다. 또 무덤문이 오른쪽으로 치우쳤고 널길이 긴 편이다최영주 2018.

광주·전남의 능산리형 돌방무덤은 6세기 3/4분기 이후에 만들어지기 시작하였다. 신안 도창리 고분의 단면 육각형 돌방무덤이 가장 빠르다고 본다. 나주 복암리 3호분의 측벽조임식의 9호·10호 돌방무덤도 그다지 늦지 않다. 이어서 4/4분기에도 함평 마산리, 장성 석계 등지에서 측벽조임식 돌방무덤이 건설되었다. 7세기 1/4분기에는 백제 중앙과 연동하여 단면 사각형 돌방무덤이 나타나기 시작했고, 2/4분기에는 나주 복암리를 비롯한 전 지역에서 단면 사각형 돌방무덤이 유행하였다. 상대적으로 널길이 짧아지거나 아예 없어지는 변화도 관찰된다. 평면의 비례를 보면 함평 신덕 2호분 돌방무덤은 7세기 1/4분기에 축조되었을 가능성이 높다오동선 2019.

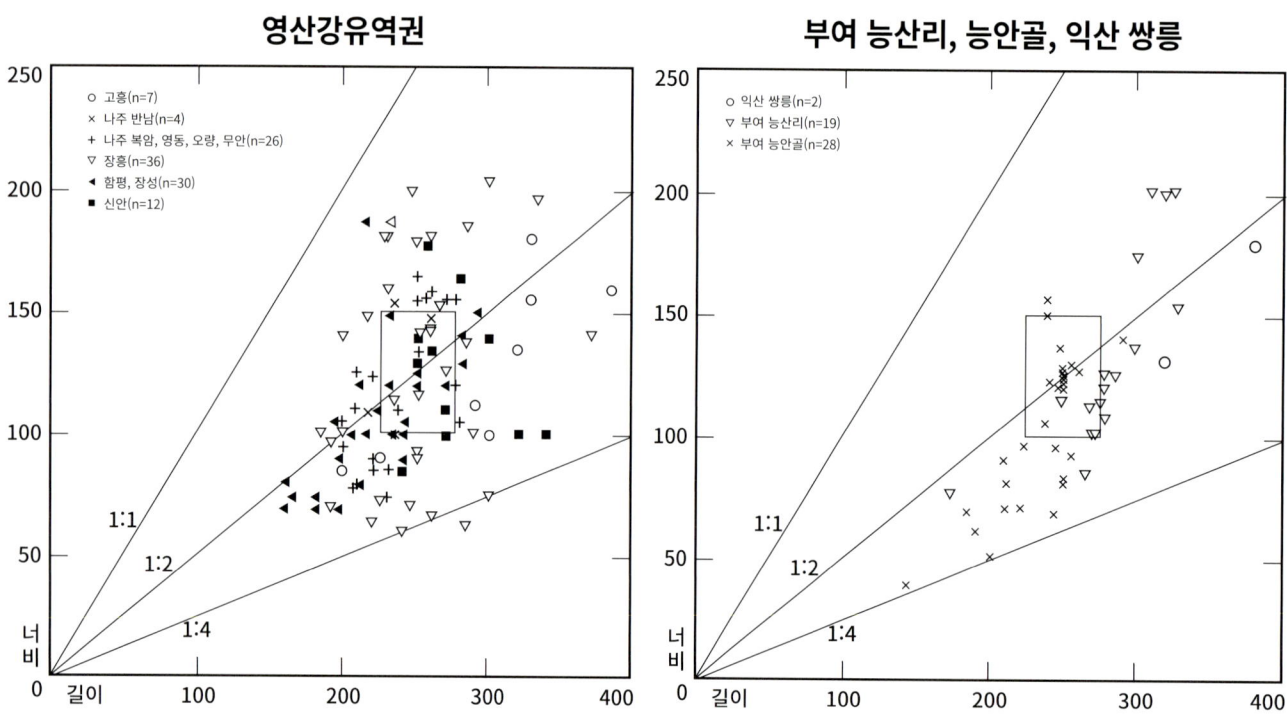

도면2 영산강유역과 백제 중앙의 능산리형 돌방무덤 평면 비례 산점도(오동선 2019, 그림12)

함평 신덕 2호분 돌방무덤

함평 신덕 2호분 돌방무덤에 대한 조사는 1992년 2차 조사 때 이루어졌다. 원형 봉분에서 찾아낸 돌방의 입구는 서쪽을 향해 있었다. 돌방 문 앞에는 짧은 무덤길墓道과 널길이 설치되었다. 무덤길을 지나 널길을 통과하면 돌방 문이 있는 구조다. 무덤길은 앞에 두고 바라보면 왼쪽 벽이 북벽, 오른쪽 벽이 남벽이다. 무덤길의 남벽은 길이 83cm, 높이 120cm이다. 길이 107cm 크기의 넓적한 돌 한 장을 세우고 위와 옆에 깬 돌들을 쌓

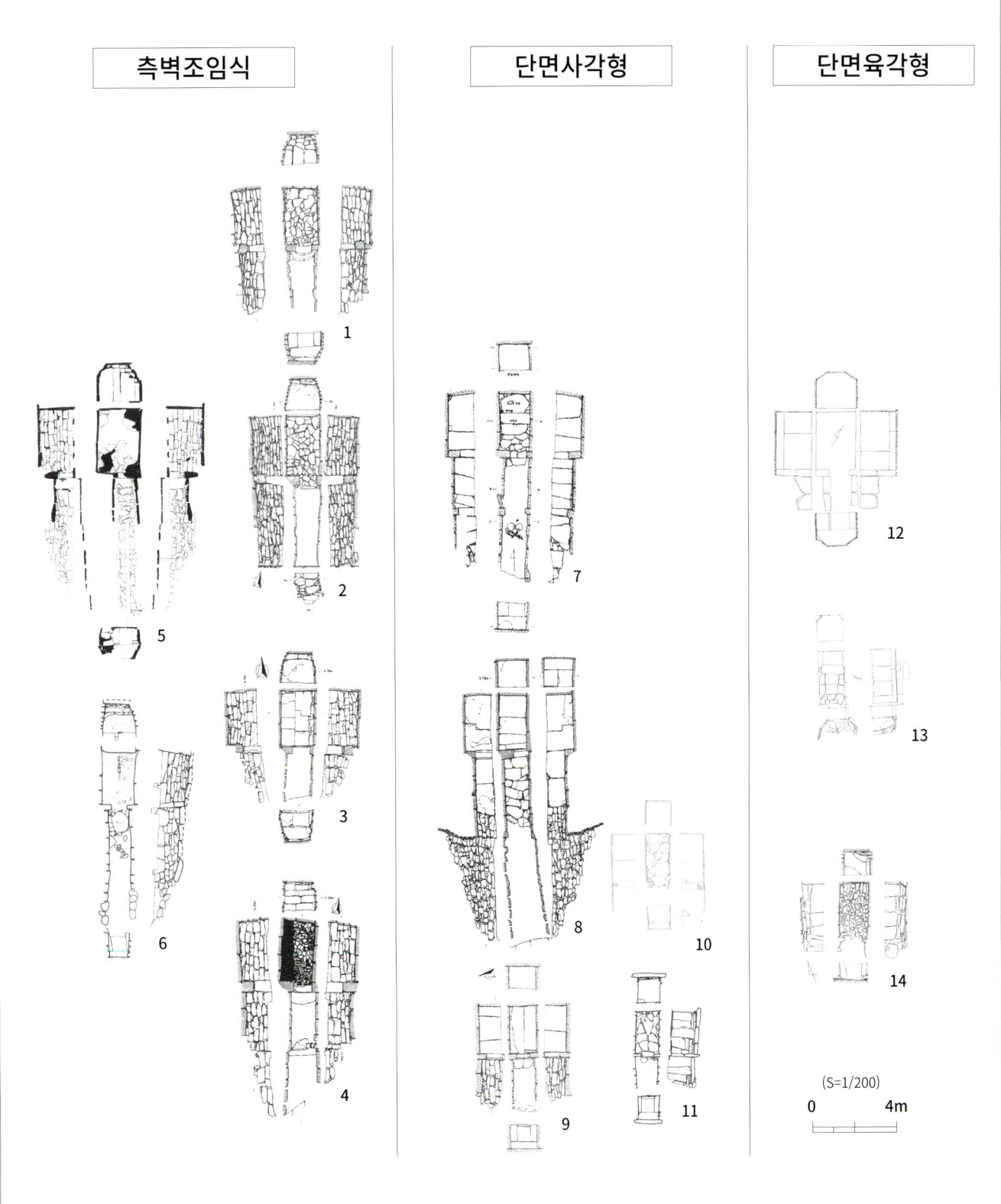

도면3 영산강유역 능산리형 돌방무덤(최영주 2018, 그림1 수정)

았다. 무덤길 북벽에도 크고 작은 깬 돌들을 가로 방향으로 쌓았다. 무덤길은 약간 '八'자 모양으로 벌어졌다. 무덤길 입구의 폭은 165cm이고 널길과 맞닿은 무덤길 안쪽의 폭은 90cm이다.

널길은 잘 다듬은 기둥돌, 바닥돌, 천장돌 각 1장으로 구성되었다. 북쪽 기둥돌은 길이 55cm, 두께 15cm, 바닥돌부터 잰 높이는 103cm이다. 남쪽 기둥돌은 길이 55cm, 두께 13cm, 바닥돌로부터의 높이는 103cm이다. 바닥돌은 길이 83cm, 너비 55cm이다. 바닥돌 아래에 파인 홈은 무덤 내부의 습기를 배출하기 위한 배려다. 천장돌은 기둥돌 위에 올려졌다. 길이는 110cm, 너비 55cm, 두께 15cm의 납작한 돌이다. 널길의 길이는 천장돌의 너비와 같이 55cm이고 너비는 돌방 쪽이 84cm, 바깥쪽이 81cm이다. 널길은 돌방의 남쪽 벽에 치우쳐 있다. 무덤길과 널길은 다듬지 않은 큰 돌들로 폐쇄되어 있었다.

널길과 맞닿은 돌방 입구의 문은 기둥돌과 이맛돌로 이루어졌다. 문짝돌과 문지방돌은 없었지만 보고자는 원래 문지방돌이 있었고 문짝은 나무였을 것이라 추정했다. 그렇다면 문의 높이는 88cm, 너비는 74cm 정도가 된다. 이맛돌은 장대석 1장이며 높이 34cm의 양쪽 모서리를 남벽은 54°, 북벽은 60°로 깎았다. 바닥돌은 벽석을 세운 후 설치한 것이다.

돌방은 2차례 이상의 도굴로 천장돌 4개 중 3번째가 들려 있었다. 또 돌방 내부 바닥돌들도 가장 안쪽의 1장을 제외하고는 모두 어지럽혀진 상황이었다. 천장 쪽의 도굴 구덩이에서 쏟아져 내린 흙이 돌방을 채운 상태였다. 북벽은 3개의 잘 다듬은 판돌을 세워 만들었다. 북벽의 총 길이는 250cm이며 바닥에서부터 잰 높이는 97cm 가량이다. 현문이 있는 서벽 돌의 높이는 100cm이고 남북 벽석보다 7cm 낮게 설치하였다. 서벽의 남쪽 일부의 길이는 5cm, 북쪽 일부의 길이는 46cm이다. 서벽 이맛돌의 길이는 130cm, 높이는 34cm, 두께는 13cm이다. 이맛돌의 모서리를 남벽 쪽은 54°, 북벽 쪽은 60°로 잘랐다. 동벽은 큰 판돌 하나로 마감했는데 이 역시 위쪽의 모서리를 남쪽 50° 및 북쪽 42° 정도 꺾어 각을 만들었다. 따라서 돌방의 단면은 사각형의 위쪽 모서리 2군데의 각을 죽인 육각형이다. 남쪽 및 북쪽의 수직벽과 천장돌 사이에는 경사진 받침돌들이 물렸다.

바닥돌은 도굴로 인해 흐트러져 있었다. 바닥돌 아래에는 잘게 깬 돌들이 전체적으로 깔려 있었다. 바닥의 전체 길이는 250cm, 너비는 125cm로 '능산리규격'인 2:1의 비율이다. 천장돌은 4개로 구성되었다.

배수시설은 무덤의 바깥으로 내부의 습기를 흘려보내는 도랑이다. 배수시설은 무덤길과 널길을 지나 19.1m 가량 이어졌다. 도랑 안에는 작은 깬 돌을 채워놓았다.

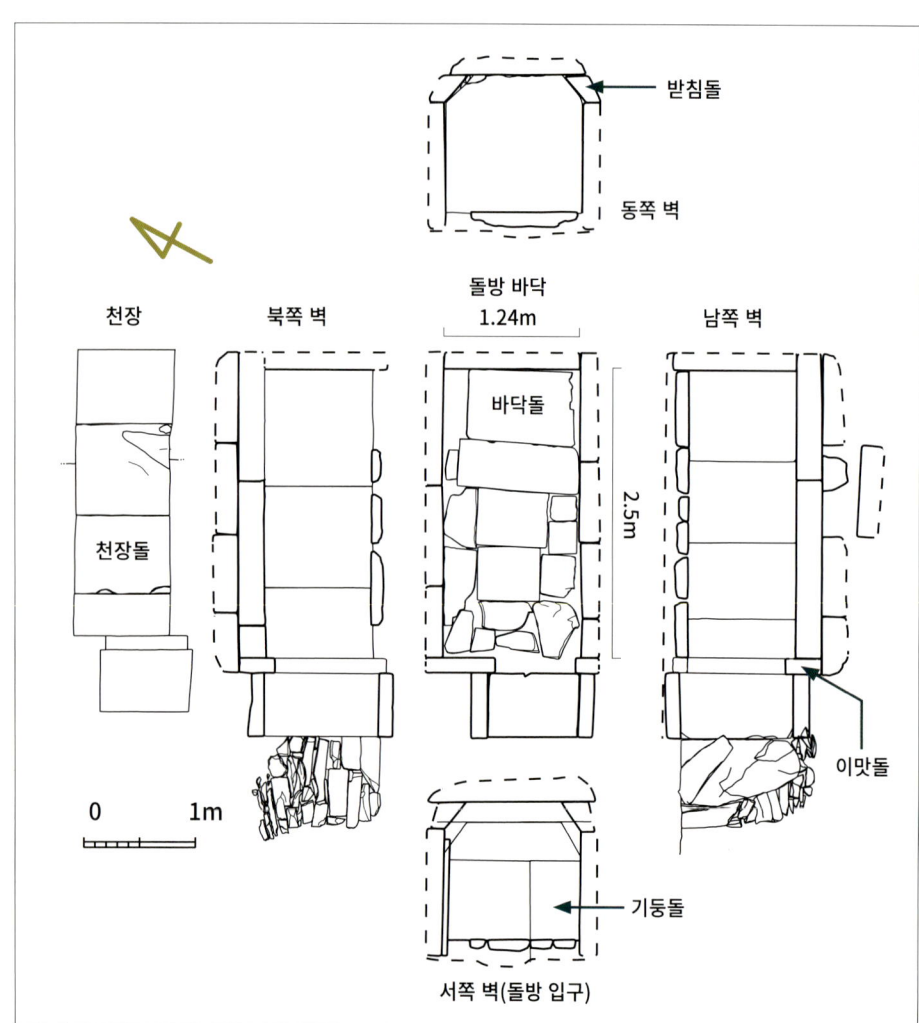

도면4 함평 신덕 2호분 돌방 전개도

사진1 함평 신덕 2호분 널길 / 사진2 함평 신덕 2호분 널길과 돌방 입구 / 사진3 함평 신덕 2호분 돌방 내부 / 사진4 함평 신덕 2호분 배수 시설

함평 신덕 고분 2호분 돌방무덤의 의미

능산리형 돌방무덤의 크기, 석재 선택, 가공 수준, 구조 등은 무덤의 시간차뿐만 아니라 무덤 주인의 위계도 나타냈다고 본다. 또 돌방 구조의 수준 차이 또는 편차는 적합한 석재를 주변에서 채취하는 문제, 오랫동안 이어진 장례 풍습과 결부된 지역적 특색, 석공의 수급 여부장인의 파견 또는 현지 장인의 모방 등가 무덤의 구조와 위상을 결정하는 요인이었을 것이다.

지역적 편차는 있지만 광주·전남에서도 백제 사비기에 걸쳐 능산리형 돌방무덤이라는 특정 무덤 형식으로 구조와 부장품을 포괄한 장례 풍습의 일원화가 진행되었다는 것은 사후세계에 대한 동일한 관념의 공유나 무덤 축조 기술의 균일화가 이루어지고 있었다는 것이다. 정치·행정적 측면에서 16관등과 같은 관료제도 정비, 오방제 시행과 직접지배 확대 등을 원인으로 본다山本孝文 2005. 이것은 지역 사회에 백제 중앙의 통치 시스템이나 기층 문화가 깊숙이 스며들었음을 알려준다. 함평 신덕 2호분이나 신안 도창리고분 역시 능산리형 돌방무덤의 기본 구조를 충실히 재현하고 있다는 점에서 백제 중앙 관료의 무덤으로 보는 견해가 있다김낙중 2021. 이는 무덤 건설을 담당했던 이들이 백제 중앙의 방식에 더 익숙하였거나, 중앙 석공의 지역 파견도 상정해볼 수 있는 대목이다.

그러나 백제의 통치시스템이 광주·전남지역에 균일하게 관철된 것은 아니어서, 지역의 정치적 구심점이었던 나주 복암리와 신촌리 고분군에서는 7세기 이후까지도 백제 중앙에 비해 오히려 단면 사각형의 돌방무덤이 더 많다는 점, 기존의 분구 안에 누대에 걸쳐 장례가 이루어졌다는 점을 강한 지역색의 근거로 보고 토착 세력이 백제의 지방관료군에 편입된 것으로 이해한다김낙중 2009.

이와 같이 광주·전남의 능산리형 돌방무덤은 세부 지역단위, 시기, 무덤 주인의 신분에 따라 다층적이고 복합적인 모습을 보여준다. 그에 따라 삼국시대 후기 광주·전남의 돌방무덤을 둘러싼 정치적 역학관계에 대해서도 다양한 해석이 뒤따르고 있다.

참고문헌

김낙중, 2009, 「백제 사비기 횡혈식석실의 확산 및 지역성의 유지 -영산강유역을 중심으로」, 『韓國考古學報』71, 韓國考古學會.
_____, 2021, 「함평 신덕 1·2호분의 분구와 석실」, 『함평 예덕리 신덕고분』, 국립광주박물관.
山本孝文, 2005, 「韓國 古代 律令의 考古學的 硏究」, 釜山大學校 博士學位論文.
서현주, 2017, 「백제 사비기 왕릉 발굴의 새로운 성과와 역사적 해석」, 『한국고대사연구』88, 한국고대사학회.
오동선, 2019, 「영산강유역 사비기 석실의 변천과 의미」, 『韓國考古學報』112, 韓國考古學會.
李南奭, 2000, 「陵山里古墳群과 百濟王陵」, 『百濟文化』29, 公州大學校百濟文化硏究所.
이성준 외, 2018, 「익산 쌍릉과 출토 인골의 성격에 대한 연구」, 『韓國考古學報』109, 韓國考古學會.
최영주, 2018, 「전남지역 사비기 석실의 전개양상과 분포 의미」, 『湖南考古學報』60, 湖南考古學報.

참고문헌

강동석, 2006, 「한일 고분출토 목관의 비교」, 『문화재』 39, 국립문화재연구소.

강원표, 2020, 「송산리고분군 출토 목관의 위계성 검토」, 『죽은 자의 염원, 산 자의 기원-호서지역 무덤과 매장의례』 제41회 호서고고학회 학술대회, 호서고고학회.

강인구, 1987, 「장방형석실의 계통에 관한 시론」, 『청계사학』 4, 청계사학회.

高田貫太, 2014, 「5·6세기 백제, 영산강유역과 왜의 교섭-'왜계고분'·전방후원부의 조영배경을 중심으로-」, 『전남 서남해지역의 해상교류와 교대문화』, 혜안.

_____, 2017, 「관을 둘러싼 百濟·榮山江流域과 倭의 교섭에 관한 豫察」, 『나주 신촌리 금동관의 재조명』, 국립나주박물관.

_____, 2021, 「함평 신덕 1호분 출토 관, 식리에 대하여」, 『함평 예덕리 신덕고분』, 국립광주박물관.

권오영, 2014, 「고대 한반도에 들어온 유리의 고고 역사학적 배경」, 상고사학보 85, 상고사학회.

_____, 2017, 「韓半島에 輸入된 琉璃구슬의 變化過程과 經路 -초기철기~원삼국기를 중심으로-」, 『호서고고학』 37, 호서고고학회.

권오영·박준영, 2021, 「함평 신덕 1호분 출토 유리구슬 검토」, 『함평 예덕리 신덕고분』, 국립광주박물관.

국립경주박물관, 2020, 『오색영롱 한국 고대유리와 신라』.

국립광주박물관, 2001, 『해남 방산리 장고봉고분 시굴조사보고서』.

_____, 2004, 『해남 용두리고분』.

_____, 2012, 『광주 명화동고분』.

_____, 2021, 『함평 예덕리 신덕고분』.

국립나주박물관, 2019, 『한국의 장고분』.

김건수, 2021, 『맛있는 고고학』, 대한문화재연구원.

김규동, 2021, 「백제 무령왕릉 상장례 제고-목관 안치 방식으로 본 매장 의례 복원-」, 『무령왕릉 발굴 50주년 기념학술대회, 무령왕릉을 다시 보다』, 한국고대사학회·국립공주박물관·공주대학교역사박물관·충청남도역사문화연구원.

김나영·이윤희·김규호, 2011, 「무령왕릉 출토 황색 및 녹색과 박 유리구슬의 고고화학적 고찰」 『백제문화』 44호, 백제문화연구소.

김규호, 2001, 「한국에서 출토된 고대유리의 고고화학적 연구」, 중앙대학교대학원 박사학위논문.

김낙중, 2007, 「6세기 영산강유역의 장식대도와 왜」, 『영산강유역 고대문화의 성립과 발전』, 국립나주문화재연구소 엮음, 학연문화사.

_____, 2009, 「백제 사비기 횡혈식석실의 확산 및 지역성의 유지-영산강 유역을 중심으로」, 『한국고고학보』 71, 한국고고학회.

_____, 2010 「榮山江流域 古墳 出土 馬具 硏究」, 『韓國上古史學報』 69, 韓國上古史學會.

_____, 2012, 「토기를 통해 본 고대 영산강유역 사회와 백제의 관계」, 『湖南考古學報』 42, 湖南考古學會.

_____, 2013, 「5~6世紀 南海岸 地域 倭系古墳의 特性과 意味」, 『湖南考古學報』 45, 湖南考古學會.

_____, 2019, 「益山 雙陵」, 『사비 백제 고분』, 국립부여문화재연구소.

_____, 2021, 「함평 신덕 1·2호분의 분구와 석실」, 『함평 예덕리 신덕고분』, 국립광주박물관.

김동숙, 2016, 「관고리의 출현으로 본 三國時代 橫穴式石室墳의 葬法」, 『韓日의 古墳』, 제4회 공동연구회.

金斗喆, 1992, 「新羅와 加耶의 馬具 －馬裝을 中心으로－」, 『韓国古代史論叢』 3, 駕洛國史跡開發硏究院.

_____, 2000, 「韓国古代馬具의 硏究」, 東義大学校大学院文学博士学位論文.

김은경, 2012, 「삼국시대 고분출토 朱와 그 의미」, 『영남고고학보』 61, 영남고고학회.

김종만, 2007, 『백제토기의 신연구』, 서경문화사.

김주홍, 2007, 「고대 유리옥 제작기술 연구」, 목포대학교석사학위논문.

김혁중, 2014, 「고대 한일 찰갑의 교류 - Ω자형 요찰과 부속갑」, 『무기·무구와 농공구 어구: 한일 삼국·고분시대 자료』, 한일 교섭의 고고학 연구회.

_____, 2018, 「신라·가야 갑주의 고고학적 연구」, 경북대학교 박사학위논문.

김현희, 2018, 「고고자료로 본 고대 음식문화」, 『제18회 신라학국제학술회』, 경주시·신라문화유산연구원.

吉井秀夫, 1996, 「금동제 신발의 제작기술」, 『碩晤尹容鎭敎授停年退任紀念論叢』, 경북대학교.

_____, 2001, 「무령왕릉의 목관」, 『백제 사마왕』, 국립공주박물관.

노미선·강병선, 2012, 「영산강유역 호형토기의 조업과 훼기 연구-광주 평동유적 분구묘출토품을 중심으로」, 『야외고고학』 14호, 야외고고학회.

노지현·고수린, 2021, 「함평 신덕1호분 출토 구슬의 과학적 분석」, 『함평 예덕리 신덕고분』, 국립광주박물관.

대한문화유산연구센터(엮), 2011, 『한반도의 전방후원분』, 학연문화사.

柳基正, 2002·2003, 「鎭川 三龍里·山水里窯 土器의 流通에 관한 硏究」, 『崇實史學』 15·16, 崇實大學校史學會.

柳昌煥, 2004, 「百濟馬具에 대한 基礎的 硏究」, 『百済硏究』 40, 忠南大學校百濟硏究所.

_____, 2018, 「榮山江流域 出土 馬具의 性格과 意味」, 『中央考古硏究』 25, 中央文化財研究院.

마한문화연구원, 2021, 『해남 방산리 장고봉고분』, 현장자료집.

박순발, 1998, 「4~6세기 영산강유역의 동향」, 『百濟史上의 戰爭』, 第9回 百濟研究 國際學術大會, 忠南大學校百濟研究所.

_____, 2006, 『백제토기 탐구』, 주류성.

박준영, 2016, 「한국 고대 유리구슬의 특징과 전개양상」, 『중앙고고연구』 19, 중앙문화재연구원.

박천수, 2011, 「영산강유역 전방후원분에 대한 연구사 검토와 새로운 조명」, 『한반도의 전방후원분』, 학연문화사.

사카모토 토요하루, 2020, 「고대 일본의 매장의례」, 『고대 동아시아의 금동신발과 금동관』, 국립나주문화재연구소·국립나주박물관.

山本孝文, 2005, 「韓國 古代 律令의 考古學的 硏究」, 釜山大學校 博士學位論文.

徐賢珠, 2006, 「榮山江流域 蓋杯의 展開 樣相과 周邊地域과의 關係」, 『先史와 古代』 24, 韓國古代學會.

서현주, 2017, 「백제 사비기 왕릉 발굴의 새로운 성과와 역사적 해석」, 『한국고대사연구』 88, 한국고대사학회.

成正鏞, 2005, 「錦江流域 原三國時代 土器 樣相에 대하여」, 『원삼국시대 문화의 지역성과 변동』, 제29회 한국고고학전국대회 발표요지문, 韓國考古學會.

오동선, 2009, 「나주 신촌리 9호분의 축조과정과 연대 재고」, 『韓國考古學報』 73, 한국고고학회.

_____, 2016, 「榮山江流域圈 蓋杯의 登場과 變遷過程」, 『韓國考古學報』 98, 韓國考古學會.

_____, 2018, 「삼국시대 화살통의 등장과 전개과정」, 『韓國考古學報』 109, 韓國考古學會.

_____, 2019, 「영산강유역 사비기 석실의 변천과 의미」, 『韓國考古學報』 112, 韓國考古學會.

윤태영·정현·신용비·황현성, 2018, 『부여 능산리 1호(東下塚)』, 국립부여박물관.

李南奭, 2000, 「陵山里古墳群과 百濟王陵」, 『百濟文化』 29, 公州大學校百濟文化研究所.

李尙律, 2005, 「三国時代 圓環轡考」, 『古文化』 第65輯 韓国大学博物館協会.

_____, 2007, 「三國時代 壺鐙의 出現과 展開」, 『韓國考古學報』 65, 韓國考古學會.

이성준 외, 2018, 「익산 쌍릉과 출토 인골의 성격에 대한 연구」, 『韓國考古學報』 109, 韓國考古學會.

李映澈, 2001, 「榮山江流域 甕棺古墳社會의 構造 硏究」, 慶北大學校 碩士學位論文.

이인숙, 2014, 「신라와 서역문물 -유리를 중심으로-」, 『신라고고학개론 上』, 진인진.

李志映, 2021, 「榮山江流域 三國時代 土器의 生産과 流通 硏究」, 木浦大學校 博士學位論文.

李炫妌, 2008, 「嶺南地方 三國時代 三繫裝飾具 硏究」, 慶北大學校大學院碩士學位論文.

이한상, 2013, 「백제 옥류 장신구의 분포와 해석」, 『한국 선사·고대의 옥문화 연구』, 복천박물관.

이현주, 2015, 「삼국시대 소찰주 연구」, 『우정의 고고학』, 故손명조선생 추모논문집간행위원회.

임지나, 2021, 「장구를 통해 본 함평 신덕 1호분의 목관」, 『함평 예덕리 신덕고분』, 국립광주박물관.

장윤정, 2012, 『古代 馬具로 본 東아시아 社會』, 학연문화사.

조연지, 2013, 「韓半島 出土 重層琉璃玉 硏究」, 충북대학교대학원 석사학위논문.

酒井淸治, 2004, 「5·6세기 토기에서 본 羅州勢力」, 『百濟硏究』 39, 忠南大學校百濟硏究所.

최영주, 2018, 「전남지역 사비기 석실의 전개양상과 분포 의미」, 『湖南考古學報』 60, 湖南考古學報.

최혜린, 2018, 「영남지역 출토 삼국시대 비취곡옥 연구」, 『영남고고학보』 81, 영남고고학회.

土屋隆史, 2018, 「고대 일본의 성시구와 모자대도 -나주 복암리 정천고분 출토품과의 비교검토-」, 『고대 한·일의 화살통과 장식칼』, 國立羅州文化財硏究所.

土屋隆史, 2019, 「삼국시대 화살통 금구의 분류·편년·지역성」, 『百濟硏究』 69, 忠南大學校百濟硏究所.

韓玉珉, 2016, 「榮山江流域 古墳의 墳形과 築造過程 硏究」, 木浦大學校 博士學位論文.

한옥민, 2021, 「함평 신덕 1호분 출토 개배류 검토」, 『함평 예덕리 신덕고분』, 국립광주박물관.

황수진, 2011, 「삼국시대 영남 출토 찰갑의 연구」, 『한국고고학보』 78, 한국고고학회.

홍보식, 2021, 「삼국시대 영산강 중·하류지역의 토기 편년 –개배의 뚜껑을 대상으로-」, 『湖南考古學報』 67, 湖南考古學會.

일본어

諫早直人, 2009, 「古代北東アジアにおける騎馬文化の考古学的研究」, 京都大学 博士学位論文.

_____, 2016, 「韓·倭の馬具―栄山江流域出土馬具を中心に―」, 『古代日韓交渉の実態予稿集』, 国立歴史民俗博物館.

_____, 2019, 「栄山江流域における馬匹生産の受容と展開」, 『国立歴史民俗博物館研究報告』 第217集, 国立歴史民俗博物館.

高田貫太, 2001, 「三角穂式鐵鉾の基礎的整理」, 『定東塚·西塚古墳』, 岡山大學考古學研究室33.

宮代栄一, 1993, 「中央部に鉢を持つ雲珠·辻金具について」, 『埼玉考古』 第30号, 埼玉考古学会.

_____, 1996, 「古墳時代金属装鞍の研究―鉄地金銅装鞍を中心に―」, 『日本考古学』 第3号, 日本考古学協会.

吉井秀夫, 1995, 「百濟の木棺-橫穴式石室出土例を中心として」, 『立命館文學』, 第542號.

森下章司, 2010, 「廣帶二山式冠·半筒形金具の原型」, 『大手前大学史学研究所紀要』 8.

森川祐輔, 2008, 「東北アジアにおける小札甲の樣相」, 『朝鮮古代研究』 第9号, 朝鮮古代研究會.

小村眞理·井上美知子, 2002, 「朝日長山古墳出土胡籙金具について」, 『氷見市史』 7, 氷見市.

松崎友理, 2015, 「第6節 山の神古墳出土小札甲の構造」, 『山の神古墳の研究』, 九州大學大學院人文科 學研究院 考古學研究室.

初村武寬, 2011, 「古墳時代中期における小札甲の變遷」, 『古代學研究』, 古代學研究會.

沢田むつ代, 2010, 「経僧塚古墳出土の織物等について」, 『武射経僧塚古墳石棺篇報告』, 早稲田大学経僧塚古墳発掘調査団.

土屋隆史, 2017, 『古墳時代の日朝交流と金工品』, 雄山閣.

和田晴吾, 2010, 「日本の古墳の特徵と加耶の墳丘墓」, 『경남의 가야고분과 동아시아』, 제2회 한중일 국제학술대회 자료집, 경남발전연구원 역사문화센터.

橫須賀 倫達, 2009, 「後期型鐵冑の系統と系譜」, 『月刊 考古學ヅャーナル 古墳時代鐵製甲冑の新段階』 No. 581.

전시 모습

부록

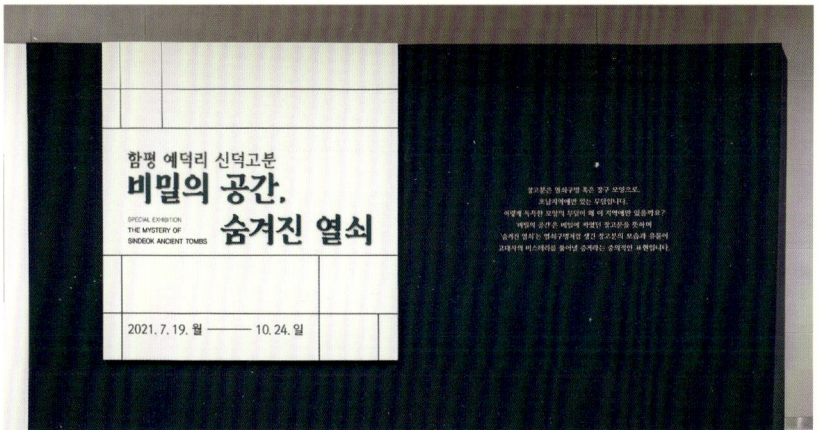

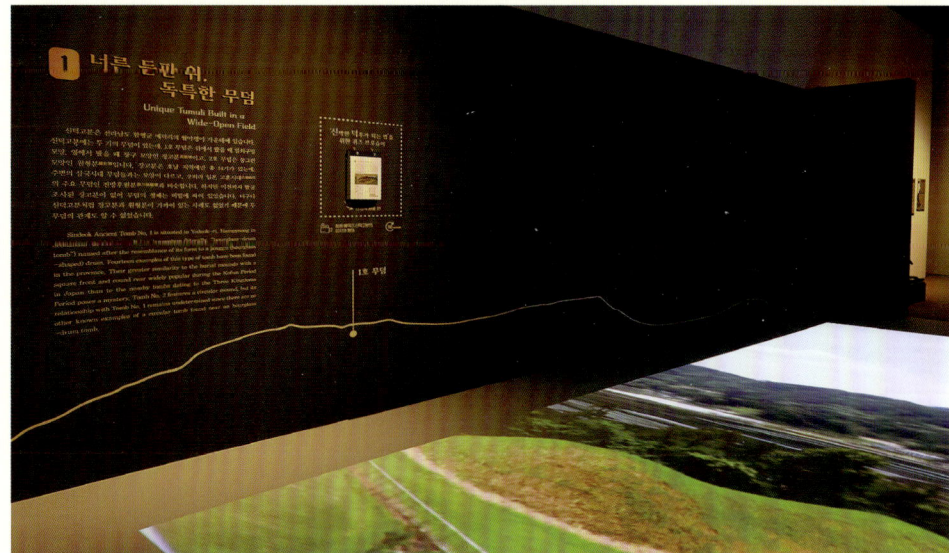
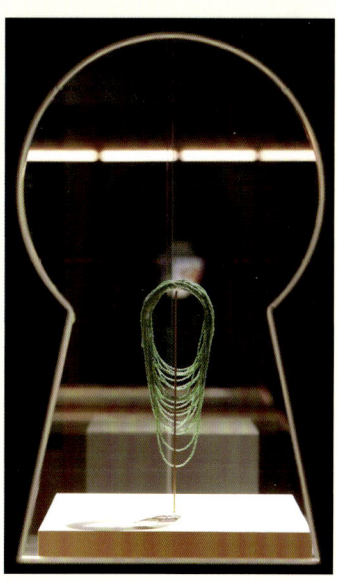

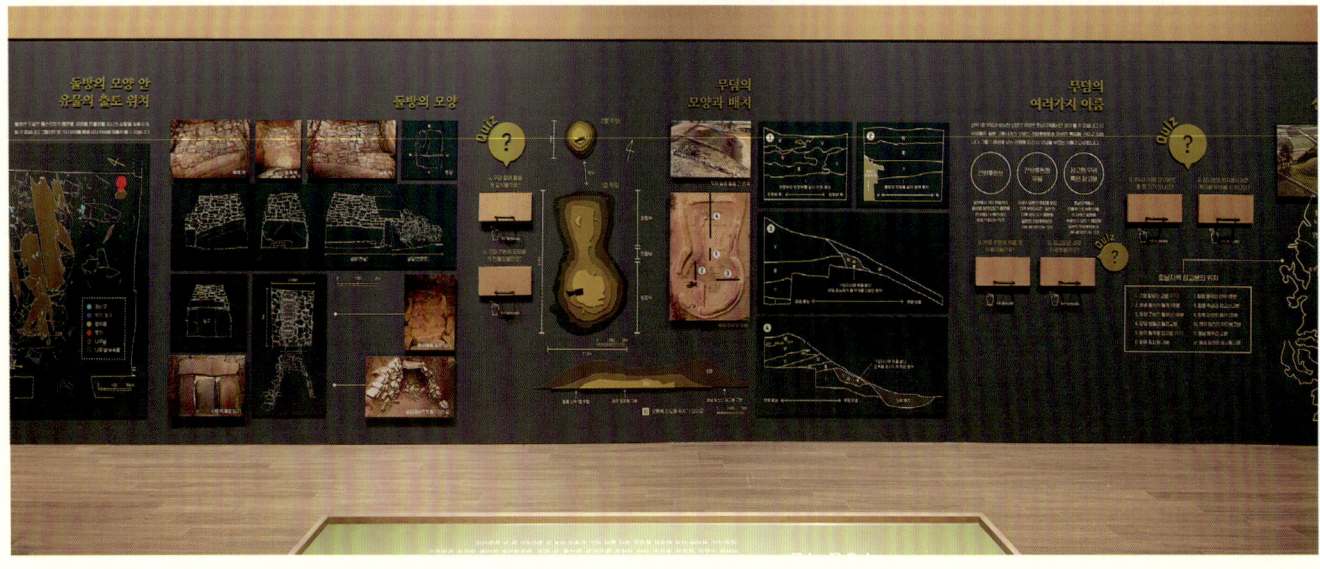

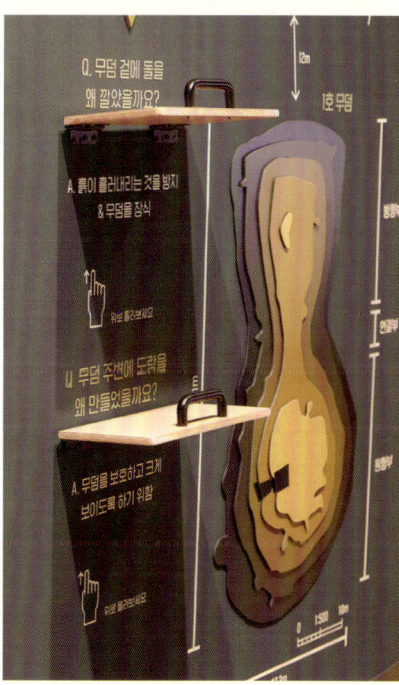

THE MYSTERY OF SINDEOK ANCIENT TOMBS

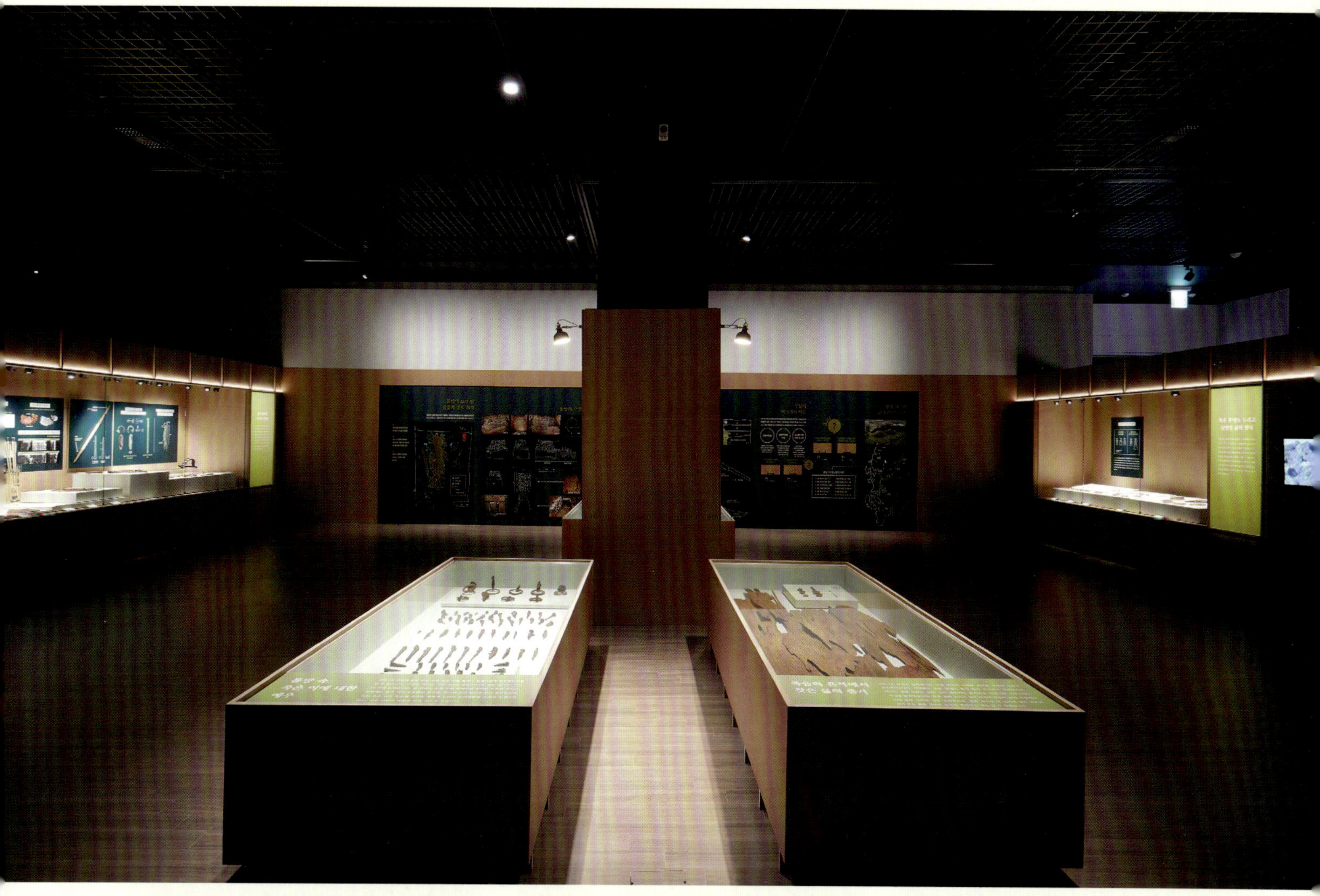

돌방 속,
죽은 이에 대한

죽음의 흔적에서
찾은 삶의 증거

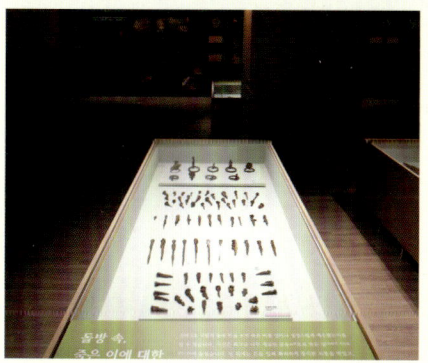

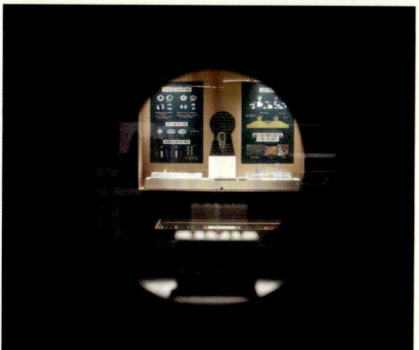

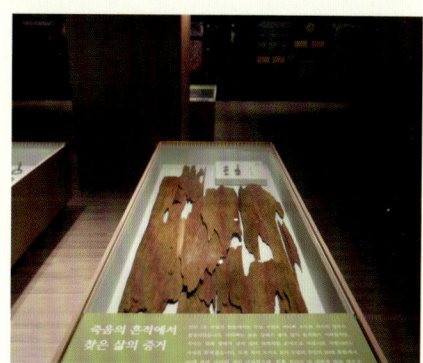

무덤,
죽은 이를 위한 공간일 뿐인가?

An Unexpected Discovery Brings Identity to Light

Sindeok Ancient Tomb No. 1 is situated in Yedeok-ri, Hampyeong in Jeollanam-do Province. It is a janggobun (literally, "hourglass-drum tomb") named after the resemblance of its form to a janggu (hourglass-shaped) drum. Fourteen examples of this type of tomb have been found in the province. Their greater similarity to the burial mounds with a square front and round rear widely popular during the Kofun Period in Japan than to the nearby tombs dating to the Three Kingdoms Period poses a mystery. Tomb No. 2 features a circular mound, but its relationship with Tomb No. 1 remains undetermined since there are no other known examples of a circular tomb found near an hourglass-drum tomb.

In March 1991, the staff at the Gwangju National Museum carried out a survey of the Sindeok Ancient Tombs. During this process a looted pit was discovered, and the museum reorganized the disarranged relics in its stone chamber. Investigations into the looting were initiated and the tomb raider secretly returned the looted relics to the National Museum of Korea. Eventually the looter was caught, however. Efforts to reveal the background of the Sindeok Ancient Tombs began with an investigation of the tombs and analysis of the relics found within.

Life and Death: Spaces of Remembrance

The Sindeok Ancient Tombs retain many traces of the performance of funerary rites. A pottery stand was excavated from the top of the circular part of a tomb, and more than one hundred items, including lidded dishes, large jars, quivers, and harness fittings, have been excavated from the corridor to its stone chamber. These recoveries demonstrate that a diverse range of rites was performed during the process of burying the deceased.

Clues to the Mystery of the Tombs

The tomb itself and the recovered relics reveal who the occupant of Sindeok Ancient Tomb No. 1 might have been. The stone chamber was painted red, which is similar to the customs observed in tombs from the Japanese Kofun Period. A wide range of items inside the stone chamber demonstrate similarities with objects from the Baekje Kingdom, the Gaya Confederacy, and Japan. The fact that items from various regions have been discovered together shows that the occupant enjoyed active exchanges with neighboring regions.

The Shape of the Stone Chamber Reflecting the Times

Sindeok Ancient Tomb No. 2 was severely damaged by illegal digging. Its stone chamber is hexagonal in cross-section, a shape that is otherwise observed only in the burials in Sabi (the last capital of the Kingdom of Baekje; present-day Buyeo in Chungcheongnam-do Province). This offers evidence of how Baekje exercised control over local regions. Moreover, the fact that the burial of a Baekje noble was built next to a janggobun might provide an important hint as to the reason of existence of the hourglass-shaped tombs in the Jeollanam-do Province region.

함평 예덕리 신덕고분

비밀의 공간,
숨겨진 열쇠

THE MYSTERY OF SINDEOK
ANCIENT TOMBS

전시

기획	김현희 · 노형신
진행	김현희 · 노형신 · 최경환 · 김영희 · 최명지 · 장효진 · 김미현 · 우병구
유물정리	이승은 · 임숙 · 최유지 · 정건주 · 강석영 · 오영지
보존처리	이해순 · 신은주 · 박지현
교육	이영신 · 최비올 · 최자현 · 김다희 · 신승화
행정지원	김영준 이재문 이선정
홍보	문호준

도록

기획·편집	김현희 · 노형신
원고	박경도 · 노형신 · 김현희 · 최경환 · 김혁중
번역	장통방
사진	김광섭
디자인	(주)디자인나눔
인쇄	두성프린트
ISBN	978-89-97595-66-2
정가	20,000원
초판발행	2021년 7월 30일
발행	국립광주박물관 광주광역시 북구 하서로 110 http://gwangju.museum.go.kr

ⓒ 2021 국립광주박물관
Gwangju National Museum

이 책의 저작권은 국립광주박물관이 소유하고 있습니다. 이 책에 담긴 모든 내용 및 자료 중 일부 또는 전부를 국립광주박물관의 문서를 통한 허가 없이 어떠한 형태로든 무단으로 복사 또는 전재하여 사용할 수 없습니다.

All right reserved No part of this book may be reproduced, stored in a retrieval system or transmited in any means electronic, mechanical, photocopying, recording or otherwise, without the written permmission of the Gwangju National Museum.

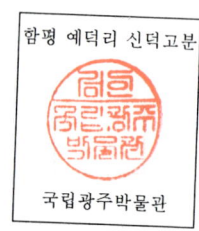